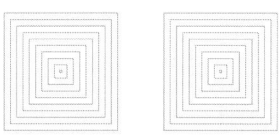

公会計基準設定

海外事例研究と分析

日本公認会計士協会 編

🔷日本公認会計士協会出版局

発刊に当たって

　我が国の公的部門の財政は、高齢化の進展等に伴い年々その厳しさを増してきており、公会計情報に基づく行財政運営の必要性が高まっています。日本公認会計士協会では、公会計情報が、国民主権等を制度的に担保するため非常に重要な情報であるとの認識の下、会計専門家としての社会的な役割を果たすため、その充実に向けた活動を行ってきました。公会計情報の重要性に関する認識は徐々に高まってきましたが、更なる改革が望まれます。

　主な改革の課題としては、中央政府や地方自治体の財務諸表の作成の法制化、発生主義・複式簿記の全面的な導入に加え、適切な財務諸表の作成に必須である公会計基準の一層の成熟が挙げられます。特に、公会計基準が国、地方公共団体、独立行政法人など組織形態ごとに異なる行政機関により別個に作成されている点は、関係者による公会計情報の横断的な理解を困難にし、また、基準設定に必要となる人的資源が分散することにより高品質な公会計基準の策定を困難にしています。

　我が国における公会計基準の改善を図っていくためには、継続的に質の高い公会計基準が設定される仕組みを構築することが重要です。

　しかし、質の高い公会計基準の設定を継続的に可能とする公会計基準設定主体の仕組みや関連する諸制度がどのようにあるべきかについての研究や知見は、我が国においても、また、海外においても見受けられない状況でありました。そこで、当協会において公会計基準設定に関して先進的な取り組みを行っている各国の事例を詳細に調査し、適切な公会計基準設定スキームを構築するための要件を帰納的に導き出す必要があるとの結論に至りました。

　そこで、当協会の公会計委員会に「公会計基準設定のあり方検討専門部会」を新たに設置し、調査・検討を実施しました。調査に当たっては、法令や制度等の表面的な把握にとどまらず、基準設定主体内の委員の具体的な選任方法、基準設定主体の運営財源の調達方法等の運営実態等についても、現地で

のヒアリング等により把握することに努めております。

　本書は、上記の調査に基づき公会計委員会研究報告第19号「公会計基準設定スキームの構築に向けて～海外事例の調査とそれを踏まえた提言～」として取りまとめられた報告書を底本として加筆収録したものです。

　なお、本調査に当たっては、公益財団法人財務会計基準機構からも、本調査の重要性についてご賛意をいただき、同専門部会内での検討、海外現地調査等にオブザーバーとしてご参画いただいております。

　本書により、独立した公会計基準設定主体の設立を含む新たな公会計基準設定スキームの構築に向けた関係者の議論が高まり、本書が単なる研究の書ではなく新たな公会計基準設定スキームの構築のための実用の書となることを切に希望いたします。

　当協会は、その公的な役割の一環として、今後も新たな公会計基準の設定スキームの構築に向けて尽力し、公会計情報の充実を通じて公的部門の説明責任の向上が図られるよう努めていく所存です。

　最後に、本書の趣旨にご賛同いただき調査に協力いただいた公益財団法人財務会計基準機構及び調査対象国の関係者をはじめとした本調査にご協力いただいた各位に感謝を申し上げ、発刊に当たっての辞といたします。

平成25年8月

日本公認会計士協会

会長　森　公高

目　次

第1部　我が国公会計基準設定の現状把握と主要な提言

I　我が国の公会計基準設定の現状と問題意識 ……………………2
　1　研究報告を公表するに至った経緯　2
　2　我が国における公会計基準の状況　5
　3　我が国公会計における現状分析と課題　12

II　主要な提言の要約 …………………………………………………16
　1　独立性　16
　2　専門性　16
　3　正当性（法的裏付け）　17
　4　デュー・プロセス（利害関係者の参画）　17
　5　透明性とガバナンス　17
　6　財政基盤　17

第2部　基準設定の在り方　調査報告

海外調査の概要 ………………………………………………………20

I　イギリス ……………………………………………………………23

公的部門と公会計基準の概況
　1　調査対象国の選定理由　23
　2　公的部門の状況　23
　3　公会計基準の状況　25

公会計基準設定の在り方
　4　基準設定主体の基礎情報　29
　5　資金調達　32
　6　人員構成　33
　7　基準設定方法　36
　8　基準設定主体と政府機関等との関係　38

9　基準設定主体の必要性と今後の方向性　　39
　　10　基準設定主体の国際戦略等　　41
　　11　参考　　41

Ⅱ　フランス　……………………………………………………………… 49

公的部門と公会計基準の概況
　　1　調査対象国の選定理由　　49
　　2　公的部門の状況　　49
　　3　公会計基準の状況　　50

公会計基準設定の在り方
　　4　基準設定主体の基礎情報　　53
　　5　資金調達　　56
　　6　人員構成　　56
　　7　基準設定方法　　60
　　8　基準設定主体と政府機関等との関係　　61
　　9　基準設定主体の必要性と今後の方向性　　62
　　10　基準設定主体の国際戦略、企業会計基準設定主体との関係　　63

Ⅲ　アメリカ　……………………………………………………………… 69

公的部門と公会計基準の概況
　　1　調査対象国の選定理由　　69
　　2　公的部門の状況　　69
　　3　公会計基準の状況　　71

公会計基準設定の在り方
　　4　基準設定主体の基礎情報　　74
　　5　資金調達　　79
　　6　人員構成　　80
　　7　基準設定方法　　85
　　8　基準設定主体と政府機関等との関係　　86
　　9　基準設定主体の必要性　　87
　　10　基準設定主体の国際戦略等　　89

Ⅳ カナダ ……………………………………………………………… 99

公的部門と公会計基準の概況
1　調査対象国の選定理由　99
2　公的部門の状況　99
3　公会計基準の状況　102

公会計基準設定の在り方
4　基準設定主体の基礎情報　104
5　資金調達　107
6　人員構成　108
7　基準設定方法　109
8　基準設定主体と政府機関等との関係　110
9　基準設定主体の必要性　112
10　基準設定主体の国際戦略（IPSASB、他国基準設定主体との連携）　113

Ⅴ オーストラリア ……………………………………………………… 120

公的部門と公会計基準の概況
1　調査対象国の選定理由　120
2　公的部門の状況　120
3　公会計基準の状況　121

公会計基準設定の在り方
4　基準設定主体の基礎情報　126
5　資金調達　128
6　人員構成　129
7　基準設定方法　133
8　基準設定主体と政府機関等との関係　133
9　基準設定主体の必要性　134
10　基準設定主体の国際戦略等　136

Ⅵ ニュージーランド …………………………………………………… 141

公的部門と公会計基準の概況
1　調査対象国の選定理由　141
2　公的部門の状況　142
3　公会計基準の状況　143

公会計基準設定の在り方

 4 基準設定主体の基礎情報 148
 5 資金調達 151
 6 XRBボード、NZASBの人員構成 151
 7 基準設定方法 155
 8 基準設定主体と政府機関等との関係 157
 9 基準設定主体の必要性 159
 10 基準設定主体の国際戦略等 160

Ⅶ　韓国 ……………………………………………………… 168

公的部門と公会計基準の概況

 1 調査対象国の選定理由 168
 2 公的部門の状況 169
 3 公会計基準の状況 169

公会計基準設定の在り方

 4 基準設定主体の基礎情報 174
 5 国家会計基準センター（NASC） 177
 6 国家会計制度審議委員会（NASDC） 179
 7 財務会計推進小委員会（FAASC） 182
 8 基準設定方法 183
 9 基準設定主体と政府機関等との関係 185
 10 基準設定主体の必要性 186
 11 基準設定主体の国際戦略等 187

Ⅷ　ドイツ ……………………………………………………… 193

公的部門と公会計基準の概況

 1 調査対象国の選定理由 193
 2 公的部門の状況 193
 3 公会計基準の状況 194
 4 連邦・州の公会計共通化の動き 198

Ⅸ　国際公会計基準審議会（IPSASB） ……………………… 199

 1 IPSASBの変遷 199

2　IPSASの設定状況、適用状況　199
　　3　IPSASBの監視　200
　　4　資金調達　201
　　5　人員構成　202
　　6　基準設定方法　204
　　7　国際戦略　205

第3部　提言とその具体策

I　各国・機関調査により得られた知見 ……………… 210
　　1　設立当時の社会環境　210
　　2　公会計基準の体系と公会計基準設定主体の態様　210
　　3　公会計基準の正当性確保　211
　　4　公会計基準設定主体の委員・事務局構成と運営資金　211
　　5　企業会計基準設定主体との関係　212

II　提言とその具体策 ……………… 216
　　1　公会計基準の体系について　216
　　2　単一の公会計基準設定主体を提案する理由　218
　　3　公会計基準設定主体が備えるべき要件　219
　　4　公会計基準設定主体の組織設計について　224

III　我が国における公会計基準設定スキームの改革に向けて … 227

【参考】我が国企業会計基準設定主体（企業会計基準委員会）
　　1　基準設定主体の基礎情報　228
　　2　資金調達　231
　　3　人員構成　231

略語一覧　233
参考文献等　239

【執筆者一覧】

日本公認会計士協会　公会計委員会　公会計基準設定のあり方検討専門部会
専門部会長
　守谷　義広
専門委員
　小林　礼治　　　鈴木　真美　　　鈴木　亮
　浜田　陽介　　　守泉　誠　　　　安池　威志
オブザーバー
　松尾　洋孝（企業会計基準委員会　研究員）

（編集執筆）
　髙橋　宏延（（前）日本公認会計士協会　研究員）
（監修）
　関川　正（（前）日本公認会計士協会　公会計担当常務理事）
　遠藤　尚秀（日本公認会計士協会　公会計・監査担当常務理事）
（協力）
　新井　武広（企業会計基準委員会　副委員長）

第1部

我が国公会計基準設定の現状把握と主要な提言

I 我が国の公会計基準設定の現状と問題意識

1．研究報告を公表するに至った経緯

(1) 背景

　国民・住民から税を徴収し事業を実施するという政府の性格から、政府は、受領した資源の使途とその結果等については、広く国民・住民に説明していく責任（説明責任）を負っている。従来、政府の会計は予算による事前統制を重視していたが、国民・住民に対する説明責任を遂行していくためには、予算統制に関する情報に加えて、発生主義による財務情報の必要性が広く認識されてきている。また、近年の高齢化の進展を背景として国・地方自治体とも財政の硬直化が進んでおり、効果的かつ効率的な政策の遂行と適時の見直しが急務となってきている。行政機関や議員が行う意思決定に必要な情報として、適切なコスト情報を含む発生主義に基づく公会計情報の必要性が認識されてきている。

　このような背景の下、我が国でも国・地方公共団体の双方において発生主義に基づく財務情報の作成と開示が近年進んできた。

　また、財政状態の悪化に伴い、公債への投資家が、国・地方公共団体の財務情報に寄せる関心は今後高まることが予想され、その観点からも公会計情報は重要となるであろう。

　公会計情報が、行政機関の説明責任遂行のために、また、利用者の意思決定に役立つものであるためには、政府の運営状況や財政状態を忠実に描写し、その利用者に分かりやすく提供される必要がある。適切な財務情報が作成・公表されることを担保するためには、財務情報の作成者が従うべきルールとしての公会計基準が必要である。

また、財務情報は、経年的に又は他の団体と比較することでその有用性が増すものであり、比較可能性を担保するためにも公会計基準は必須である。

我が国では、国・地方公共団体やそれらの関連機関（地方公営企業や独立行政法人等）の会計基準等について、各省庁が諮問機関を設置し、その諮問を受けて各省庁が対象組織の種類別に公会計基準を設定するという形式が多く採られてきた。

この方法によれば、各省庁のその当時の関心が公会計基準に直接的に反映されやすくなるため、各省庁による対象組織の監視に適した会計基準等の設定が容易になる。しかしながら、公会計基準全体を俯瞰した場合、対象組織の種別ごとに会計基準が細分化されてしまうため、会計基準間の統一性や整合性を保つことが難しくなる。公会計基準の間での統一性・整合性の欠如は、国民・住民が会計情報を理解することを困難にするだけでなく、財務諸表の作成者・監査人への教育が困難になるなどの問題を生じさせる。

また、基準設定プロセスが細分化されるため、事務局と委員の双方において十分な人材を確保することが困難になる側面も無視できない。現在、我が国の公会計基準の設定においては、事務局業務を担う各省庁の職員が人事異動により定期的に異動することや、他の業務と兼務していることから、専門知識の蓄積が困難になっていると思われる。また、委員においても適切な人材を選任することや選任された委員がその責任を果たすための十分な時間を確保することが困難になっている点も否めない。このような点が会計基準の機動的な改訂や会計基準の品質の維持に支障になっていると思われる。

以上の問題点を解決するためには、十分なテクニカルスタッフを擁する恒常的な事務局に支えられた、公会計基準を一元的に取り扱う機関を設置することが考えられる。日本公認会計士協会（以下「当協会」という。）では、このような公会計基準設定主体の設置が必要である点をかねてから指摘してきたが、その提案は具体性を欠いていたこともあり、広く関係者で共有されていたとは言い難い。

一方、先進諸国においては、1970年代以降に経済停滞と財政危機を経験し、

公会計改革を進める中で、公会計基準の整備や基準設定主体の設置・改組が行われてきている。

そこで、当協会は、公益財団法人 財務会計基準機構と協力して、各国・地域がどのように公会計基準や公会計基準設定主体の整備を行ってきたかを、各国の制度背景や歴史的経緯等を踏まえて調査することとした。

今回の制度調査から得られた知見を踏まえ、我が国における公会計設定主体設立に向けた提言を行うとともに、当該主体に求められる要件を検討することとした。

(2) 構成

次の2では我が国における公会計基準の現状とその設定の在り方を概観し、3において検討すべき課題を挙げる。Ⅱにおいて、Ⅰで提示した検討課題を解決するための提言について要約する。

第2部において、各国等の基準設定に係る調査結果を報告する。

第3部では、提言とその具体策について述べる。まず、Ⅰにおいて各国調査結果から得られた知見を概括する。Ⅱでは、提言とその具体策について詳述する。

なお、参考情報として、我が国の企業会計基準設定主体（企業会計基準委員会（ASBJ: Accounting Standards Board of Japan））についても簡単に触れている。

(3) 調査・研究のアプローチ

調査に当たっては、事前に文献調査を行い、当該国の基礎知識を入手した上で現地訪問を行った。文献調査においてはできる限り原典に当たることとした。現地調査においては、公会計基準設定に関与している機関の担当者に直接ヒアリングを行うこととした。また、基準設定に係る関連機関（会計検査院、財務省及び職業会計士団体等）にも訪問し、会計制度全般や当該調査国の置かれている環境についても理解を深めることとした。以上の調査に基

づき、現時点の各国公会計制度の内容のみならず、その制度趣旨や変遷、改革を主導した関係者等の動向についても把握している。

(4) 先行研究の紹介

公会計基準自体や各種制度についての調査・研究報告書は数多くあるものの、公会計基準の設定の在り方に関して、国際比較を行っている先行研究は邦文文献では見当たらなかった[1]。一方、企業会計基準設定の在り方について国際比較を行っているものとしては、新井（1993）及び真鍋（2004）がある。

海外文献としては、オーストラリアFRC（2006）が各国の企業会計及び公会計双方の基準設定の在り方を横断的に調査しており、本研究報告の関心に最も近い。企業会計基準設定の在り方に焦点を当てた海外文献としては、アメリカ公認会計士協会（AICPA）（1972）やC.Gah（1988）等がある。

2．我が国における公会計基準の状況

(1) 国（中央政府）の公会計基準の状況
①国の公会計基準の設定状況[2]

1990年代後半、バブル崩壊後の財政状況の悪化を受けて、財政構造改革の一環として政府の財政状況を分かりやすく国民に説明すべきとの要請が高まってきた。1999年、首相直属の諮問機関（経済戦略会議）が、国及び地方自治体の財政・資産状況を分かりやすく開示するために企業会計原則の基本的要素を踏まえつつ財務諸表を導入すべきとの提言を行った[3]。

これを受けて、1998年度決算分について国の貸借対照表（試案）が作成され（2000年）、1999年度決算から、一般会計に先行して、特別会計財務書類

---

1) 各国公会計基準や制度を横断的に調査した邦文文献として、建設省建設政策研究センター（1998）、財政制度等審議会（2003）がある。また、若林（1987）は、イギリスとアメリカの公会計基準解説が中心であるが、公会計基準設定の歴史的経緯について触れている箇所がある。
2) 財務省（2012a）を参考に記述。
3) 経済戦略会議（1999）2i.1.3 公会計制度の改善より。

の作成が開始された。

　2003年6月には財政制度等審議会[4]が「公会計に関する基本的考え方」を公表し、発生主義・複式簿記を採用している企業会計の考え方を導入した財務書類の作成を提言した。同審議会は続いて「省庁別財務書類の作成基準」（2004年6月）を公表した。これにより、各省庁は、2002年度決算から所管の一般会計と特別会計を合算した貸借対照表、業務費用計算書等の省庁別財務書類を作成することとなった。さらに、2003年度決算からは省庁別財務書類を合算し、内部取引の相殺等を行った「国の財務書類」を作成している。

　2005年12月には「行政改革の重要方針（以下「行革方針」という。）」が閣議決定され、政府資産・債務改革を達成するための手段として、企業会計の考え方を活用した財務書類の作成基準等の見直しが挙げられた（行革方針５．政府資産・債務改革）。

　本方針を踏まえ、2006年3月に「簡素で効率的な政府を実現するための行政改革の推進に関する法律」（平成18年法律第47号。以下「行革推進法」という。）第60条第2項において、「政府は、企業会計の慣行を参考とした貸借対照表その他の財務書類の整備を促進するため、当該書類を作成する基準について必要な見直しを行い、その他必要な取組を行うものとする」とされ、公会計改革が法律においてうたわれるに至った。その後、省庁別財務書類の作成基準はその後数次にわたり改訂されている。

②適用状況（省庁別財務書類の作成基準が適用される範囲）

　省庁別財務書類は、一般会計省庁別財務書類と特別会計財務書類を合算し、必要な修正を行って作成される。したがって、作成基準も、「省庁別財務書類の作成基準」、「一般会計省庁別財務書類の作成基準」及び「特別会計財務書類の作成基準」に分かれて規定されている。

　一般会計省庁別財務書類は、一般会計歳出予算の所管を作成単位とする[5]。

---

[4] 詳細な調査・審議は、同審議会　財政制度分科会　法制・公会計部会　公会計基本小委員会において行われ、とりまとめを同審議会が行った。
[5] 「一般会計省庁別財務書類の作成基準」第1章2．作成単位

各省庁の省庁別財務書類を合算することにより、国の財務書類を作成するために、行政機関以外の国会、裁判所及び会計検査院においても省庁別財務書類が作成されている。また、特別会計財務書類の作成単位は、各特別会計（勘定区分が設けられている場合は勘定が作成単位）である[6]。連結対象法人については、本来は会計処理を統一する必要があるが、統一されておらず、連結対象法人における特有の会計処理について部分的な修正を求めるにとどまっている[7]。

③設定の仕組み（設定主体、強制力の付与方法）

省庁別財務書類の作成基準は、財務省が、その公的諮問機関[8]である財政制度等審議会へ諮問を受けた答申である。答申であるため、一般会計財務書類については、各省庁に対して基準に基づく財務書類の作成を強制するものではない。

一方、特別会計財務書類は、企業会計の慣行を参考として作成し、国会へ提出することが義務付けられている（特別会計に関する法律（平成19年法律第23号 以下「特別会計法」という。）第19条第1項及び第2項）。

(2) 地方自治体の公会計基準の状況
①地方自治体の公会計基準の設定状況

1962年3月、自治省（現総務省）の地方財務会計制度調査会が「地方財務会計制度の改革に関する答申[9]」を公表したが、翌年の地方自治法改正では当該提言は実現しなかった。以後、現在まで、地方自治法を改正する方法による公会計制度改革は進んでいない。

1980年代には、自主的に公会計改革を進める自治体（熊本県、三重県等）

---

[6]「特別会計財務書類の作成基準」第1章2．作成単位
[7] 財務省（2012b）連結財務書類注記　2　連結財務書類の留意点(2)、「省庁別財務書類の作成基準」第9章3．省庁別連結財務書類の作成方法等を参照。
[8] 財務省設置法（平成11年7月16日法律第95号）第7条。作成基準の検討は、同審議会　財政制度分科会　法制・公会計部会　公会計基本小委員会、公企業会計小委員会においてそれぞれ実施された。なお、本研究報告では、法令上の根拠のない諮問機関を「私的諮問機関」と呼んでいる。

が出てきた。2000年、自治省（現総務省）が「地方公共団体の総合的な財政分析に関する調査研究会報告書」を公表した（いわゆる「総務省方式」）。

行革方針は、国と同様に、地方公共団体に対しても、資産・債務改革を求めていた。これに対応するため、総務省は新地方公会計制度研究会を設置、同研究会の審議を踏まえ「新地方公会計制度研究会報告書」を公表し、2つの会計モデルを提示している（基準モデルと総務省方式改訂モデル）。以後、実務上の手引き等の作成が行われている。

②適用状況[10]

2013年3月31日時点の総務省の調査結果によれば、1,290団体（全地方自治体の72.1％）が2011年度財務書類（個別）を作成済みである。うち197団体が基準モデルを、1,062団体が総務省方式改訂モデルを、20団体が旧総務省方式を、11団体がその他のモデルを採用している。

2011年度連結財務書類については、946団体（全団体の52.9％）が作成済みである。うち161団体が基準モデルを、777団体が総務省方式改訂モデルを、8団体がその他のモデルを採用している。

なお、国と同様、地方公共団体においても連結対象法人の会計処理は地方公共団体のものに統一することは求められていない[11]。

9）この答申では、
　① 地方公会計が現金の収支のみを重視する会計制度であり、財産、物品及び債権債務の「会計管理」を不当に軽視しており、かつ、現金の収支と広い意味での財産変動を統合的に明らかにする仕組みになっていない、
　② 予算に比べて会計本来の意味における決算が軽視されている（地方自治体の活動が会計年度を超えた長期継続的なものとなっている以上、地方自治体の財務の実質も継続的性格を有するものとなっている事実を否定することはできない）とし、地方財務会計制度の改善を提言している。
10）本節は、総務省（2013）を基に記載している。
11）基準モデルについて、総務省（2006）第272項を、総務省方式改訂モデルについて、総務省（2007）第484項をそれぞれ参照。

I 我が国の公会計基準設定の現状と問題意識

図表1 地方公会計モデルの適用状況（モデルごとの財務書類の作成団体数集計）

会計モデル	個別	（構成比）	連結	（構成比）
基準モデル	197	(11.0％)	161	(9.0％)
総務省方式改訂モデル	1,062	(59.4％)	777	(43.4％)
旧総務省方式	20	(1.1％)	N/A	N/A
その他のモデル	11	(0.6％)	8	(0.4％)
作成済み合計	1,290	(72.1％)	946	(52.9％)
作成中＋未着手	499	(27.9％)	843	(47.1％)
総計	1,789	(100.0％)	1,789	(100.0％)

（出典）総務省（2013）に基づき作成。

③設定の仕組み

総務省に設置された私的諮問機関たる「新地方公会計制度研究会」及び「新地方公会計制度実務研究会」（ともに2006年設置）が報告書を公表し、当該報告書を基に各地方公共団体が財務書類を作成する。

この報告書において提示されている2つの会計モデルは「地方公共団体が参考とすべき財務書類のモデル」であることから、強制力はなく[12]、各地方自治体が独自の会計モデルを制定しているケースもある（上表中「その他のモデル」、東京都及び大阪府等が該当）。

(3) 国関連機関、地方公共団体関連機関の公会計の状況

国関連機関、地方公共団体関連機関についても、組織形態ごとの会計基準が設定されている。また、関連法令において適用される会計基準が指定されている[13]。設定主体とその位置付け、公表年等の概要は（図表2及び図表3のとおりである。また、主な公会計に関する基準等の制定及び改訂状況を、図表4において整理した。

---

12) 新地方公会計制度研究会報告書等の会計モデルに関して総務省から出されている文書は、技術的助言であり、強制力がない（地方自治法第252条の17の5第1項）。
13) 例えば、独立行政法人では独立行政法人通則法第37条において「独立行政法人の会計は、主務省令に定めるところにより、原則として企業会計原則によるものとする」とされ、主務省令において当該独立行政法人特有の会計処理及び独立行政法人会計基準の適用が規定されている。

図表2　我が国中央政府会計基準等の設定状況、設定主体（国及び国関連機関）

基準名称	設定主体	設定主体の位置付け	当初公表年	最終改訂年
国				
省庁別財務書類の作成基準	財政制度等審議会	財務大臣の公的諮問機関（財務省設置法第6条）	2004年	2007年
国関連機関				
独立行政法人会計基準	独立行政法人会計基準研究会　※	総務副大臣の私的諮問機関	2000年	2011年
国立大学法人会計基準	国立大学法人会計基準等検討会議	文部科学省の調査研究協力者会議	2003年	2012年
特殊法人等会計処理基準	財政制度審議会公企業会計小委員会（当時）	財務大臣の公的諮問機関	1987年	2007年

※　2003年改訂より、財政制度等審議会　財政制度分科会　法制・公会計部会　公企業会計小委員会と共同で設定することになった。

図表3　我が国の地方会計基準等の設定状況、設定主体（地方自治体及び自治体関連機関）

基準名称	設定主体	設定主体の位置付け	当初公表年	最終改訂年
地方自治体（地方公会計モデル）				
総務省方式改訂モデル	新地方公会計制度研究会	総務省設置私的諮問機関	2006年	同左
基準モデル	同上	同上	2006年	同左
東京都方式等	各地方自治体	同左	2005年（東京都）	2012年
地方自治体関連機関				
地方公営企業法、同法施行令、施行規則	国会・総務省　※1	地方公営企業法・関係政省令　※1	1952年（法）	2011年（法）
地方道路公社法、同法施行規則	国会・国土交通省	同左	1970年（法）	2005年（省令改正）
地方住宅供給公社会計基準	地方住宅供給公社会計基準検討委員会	全国住宅供給公社等連合会の下部組織	1974年	2012年

Ⅰ 我が国の公会計基準設定の現状と問題意識

土地開発公社経理基準要綱(通知) ※2	土地開発公社連絡協議会	都道府県設立土地開発公社の連絡組織	1979年	2005年
地方独立行政法人会計基準	地方独立行政法人会計基準等研究会	総務省自治行政局長・自治財政局長の私的諮問機関	2004年	2011年

※1 「地方公営企業会計制度等研究会報告書(平成21年12月24日)」を踏まえて法令改正が実現した。
※2 「公有地の拡大に関する法律」(昭和47年法律第66号)及び同法施行規則において、土地開発公社の基本原則、勘定区分が定められ、要綱[14]により細則が規定されている。

図表4 主な公会計基準等の制定・改正状況

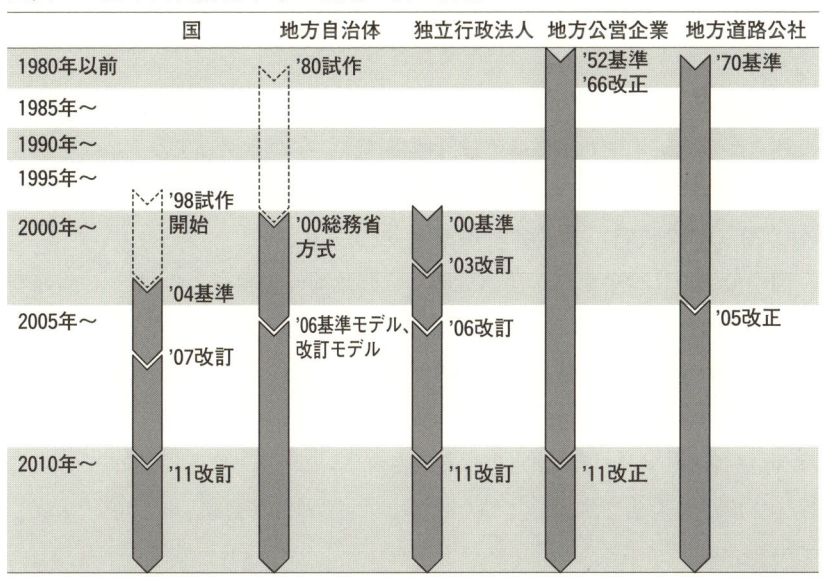

---

14) 1979年自治大臣官房地域政策課長通知「土地開発公社の経理について」(自治政第136号)により本要綱の採用を通知している。その他各種通知により会計処理・財務諸表の作成がなされている。地域政策研究会(2005)より。

11

(4) 監査の状況

国・地方自治体及びその関連機関は、各会計基準に基づいて作成した財務諸表を公開している。しかしながら、国・地方自治体において、財務諸表が会計基準に準拠して作成されているかを担保する財務諸表監査は実施されていない[15]。作成された財務諸表が会計基準に基づいて作成されているか否かについて意見を表明する「財務諸表監査」が制度化され、実施されているのは、独立行政法人、国立大学法人、地方独立行政法人等、国・地方自治体関連機関の一部に限られる。

3．我が国公会計における現状分析と課題

前節のとおり我が国の公会計改革は進展してきたものの、依然として課題が残されている。主な公会計基準等について、前項までの調査結果を前提に、基準とその設定に携わる組織の背景情報に触れながら検討する。

(1) 国（中央政府）の公会計基準とその設定

国の公会計については、諮問機関たる財政制度等審議会の報告（「省庁別財務書類の作成について」。以下「省庁別財務書類作成基準」という。）を受けて、各省庁において財務書類の作成がなされている。特別会計財務書類については、特別会計法第19条第1項において規定されているが、一般会計省庁別財務書類については法定書類とはされていない。また、財務省では各省庁で作成された省庁別財務書類を合算し、「国の財務書類」を作成・公表している。

現在、財政制度等審議会委員の任命は財務大臣が行っており[16]、審議会の事務局は財務省が務めている。国の財務書類は、各省庁で作成された省庁別

---

15) 国の特別会計財務書類については、会計検査院による「検査」が義務付けられている（特別会計法第19条第2項）が、特別会計財務書類が特別会計財務書類作成基準に基づいて作成されているかについての意見は表明されない。
16) 委員は、学識経験のある者のうちから、財務大臣が任命する（財政制度等審議会令（平成12年政令第275号）第3条第1項）。

財務書類を合算して財務省が作成していることから、基準設定を行う審議会について、財務書類の作成者たる財務省からの外観的独立性が保たれていないと考えられる。また、事務局は会計基準の設定業務に専任しているわけではないため、機動的な基準の設定・改訂には限界がある。

(2) その他公会計基準とその設定

基準モデルと総務省方式改訂モデルの設定を行った新地方公会計制度研究会や、独立行政法人会計基準研究会等は、法令等で規定のある研究会ではなく、私的な諮問機関である。委員の選任過程については特に規定がなされていないため、前節において指摘した財政制度等審議会における課題がそのまま当てはまる。

(3) 複数の公会計基準等が併存していることによる弊害

図表2及び図表3で示したように我が国の公会計では、組織の種類別に会計基準が細分化している。また、地方公共団体向けの財務書類作成モデルのように同一の組織に対して複数の会計基準（モデル）が並立しているケースもある。

各基準は、各々の組織の独自性を踏まえた体系だった基準である。ただし、公的部門全体を俯瞰すると、その全体像を理解するのには甚だしく労力を要することとなる。利用者が各政府組織の財政状態や運営状況を理解するためには、それぞれの会計基準を理解する必要がある。独立行政法人会計基準と国立大学法人会計基準のように整合性を保ちつつ作成・改訂されているものもあるが、多くの場合、会計基準間での統一性や整合性は保たれていない。また、組織の種類ごとに異なる規定が置かれた理由も明確でない。さらに、会計基準の細分化は政府機関に係る財務諸表作成者・監査人を育成する上でも大きな障害になっていると考えられる。

会計基準設定機能の細分化は、基準設定に必要な人的・経済的資源を分散化させていると思われる。これらの人的資源等の分散化により、会計基準の

改訂等が適時に行われない、又は、改訂等に当たって十分な議論が行われないなど、会計基準の品質に重大な負の影響を及ぼしていると考えられる。

さらには、会計基準設定機能の細分化は、国際公会計基準審議会（IPSASB[17]）の活動への対応においても障害になっている。IPSASBでは2007年から各国の公会計基準設定主体との協力の下、概念フレームワークの作成に取り組んでいるが、我が国の公会計基準設定主体がこの作業に関与していないことは、その象徴的な例であろう。

(4) 関係者の意見反映を可能とする会計基準設定過程について

会計基準は、国民・住民をはじめ、財務諸表作成者、利用者及び監査機関等に幅広く影響するものであるため、設定過程において関係者の意見を反映させる仕組みが不可欠である。しかしながら、我が国の公会計基準では、関係者の意見反映を可能とする会計基準設定過程（デュー・プロセス）が存在しない。

通常、国の行政機関が政令や省令等（命令等）を定めようとする場合には、行政手続法（平成5年法律第88号）に基づくパブリック・コメントの手続を経る必要がある。ただし、我が国の公会計基準は一部を除き、行政手続法上の命令等[18]に該当するものとはされていないため、同法に基づくパブリック・コメント（同法第6章意見公募手続等）は強制されていない[19]。したがって、

---

17) 国際公会計基準審議会（IPSASB: International Public Sector Accounting Standards Board）は、国際会計士連盟（IFAC: International Federation of Accountants）の下に設置された国際的な公会計基準設定主体である。
18) 「命令等」とは、①法律に基づく命令又は規則、②審査基準、③処分基準及び④行政指導指針とされている（行政手続法第2条第8号）。したがって、会計基準が政省令として規定されている地方公営企業会計基準等については、行政手続法に基づくパブリック・コメントが実施されている。
19) 「任意の意見募集」とされ、行政機関の裁量で意見募集を行わないことが可能である。意見募集により提出された意見の取扱いについては、本来であれば「結果の公示（提出した意見を考慮した結果及びその理由）」を行わなければならないが、任意の意見募集の場合は特に求められていない。
　なお、会計基準が政省令で規定されている地方公営企業については、行政手続法に基づくパブリック・コメントが求められる。

基準の設定過程において関係者からの意見を反映させる機会が十分保障されているとは言えない。

Ⅱ 主要な提言の要約

当協会は、単一の公会計基準設定主体を設置し、当該設定主体において我が国の公会計基準について集中的に検討すべきと考える。設置される公会計基準設定主体は、少なくとも以下の要件を具備すべきである[1]。

1．独立性

利害関係者[2]から委員に対する過度の影響を排除し、独立性を担保するため、公正な委員選任手続を法令等に規定し、選任過程を適切な監視の下に置くべきである。

組織としても独立性を担保すべきである。特に、資金拠出者からの独立性を担保する仕組みが不可欠である。

2．専門性

委員の専門知識・経験を十分に発揮させるため、委員会活動の従事時間の目安を示すべきである。また、委員の一部については常勤とすべきである。

会計基準の開発に必要な専門的知識及び経験を蓄積し、委員の審議を支援するため、テクニカルスタッフを擁する恒常的な事務局組織が必要である。テクニカルスタッフは基準設定に当たって、委員を技術的に補助するスタッフであり、関係団体等における実務経験や学識経験等を踏まえて幅広く採用されるべきである。

---

[1] 本研究報告では、公会計基準の内容や体系については詳細な検討を行わない。
[2] 利害関係者には政府を含む。政府は財務諸表作成者として会計基準の利害関係者の一員であるからである。

3．正当性（法的裏付け）

　基準の正当性を高め、また、組織の独立性を担保するために、基準及び基準設定主体に明確な法的裏付けを与えるべきである。また、正当性を高めるためには、利害関係者の適切な参画も必要である。

4．デュー・プロセス（利害関係者の参画）

　委員各人の独立性を保ちながら、利害関係者の参画を図るべきである。財務諸表の利用者・作成者等の視点を反映するため、適切な指名手続を経て関係者を参画させるべきである。また、基準設定に係る適正手続を規則等で明文化することが必要である。

5．透明性とガバナンス

　委員選任過程、資金拠出者からの独立性確保の状況及び基準設定に係る議事は、原則として公開すべきである。

　また、独立性及びデュー・プロセスが担保されているかどうかについては、適切な監視の下に置かれるべきである。

6．財政基盤

　以上5つの提言を踏まえた基準設定の仕組みを運用するため、関係者からの独立性を担保した上で、十分な運営資金が必要である。

デュー・プロセスとは

(1) 法におけるデュー・プロセス

「デュー・プロセス・オブ・ロー（due process of law）」は、法に基づく適正手続のことを指す。イギリスのマグナ・カルタにおいて「イングランドの民は、告知・聴聞の機会なしに自由、生命、財産を奪われることがない」としたことが初めてであり、国家権力の行使に当たって、適切な手続（告知・聴聞の機会の保障）を求めている。

デュー・プロセスは、アメリカ連邦憲法（修正5条及び修正14条）での成文化を経て、日本国憲法第31条においても「何人も、法律の定める手続によらなければ、その生命若しくは自由を奪はれ、又はその他の刑罰を科せられない」として、その原則が示されている（芦部（2011））。

(2) 会計基準におけるデュー・プロセス

会計基準の設定においてデュー・プロセスの概念が最初に導入されたのは、1973年に設立されたアメリカ財務会計基準審議会（FASB）の手続規則によってである。FASBの手続規則は、アメリカ連邦規制機関の規則制定プロセスを統括している連邦行政手続法の規定に従って作成されている。会計基準は、財務諸表作成者等に一定の義務を課すルールでもあるため、その設定において、行政手続法と同様のデュー・プロセスの考え方が援用されているものと思われる。その後、FASBに倣う形で、多くの基準設定主体がデュー・プロセスの考え方を導入している。その詳細は基準設定主体により異なるものの、基準等を最終文書化する前に公開草案等の形で公表し、利害関係者から意見を求める手続きがあることはほぼ共通している。また、議事内容の透明性確保や反対意見への配慮（反対意見を記録することで、議論の経過を後々把握することが可能となる。）を定める例も多い。会計基準設定過程に何らかの政治的影響が介入する余地がある以上、デュー・プロセスに則って基準設定していくことは審議過程の透明化という観点から極めて重要と考えられている（森（2012））。

第2部

基準設定の在り方調査報告

海外調査の概要

イギリス、フランス、アメリカ、カナダ、オーストラリア、ニュージーランド、韓国及びドイツの8か国並びに国際公会計基準審議会（IPSASB）を調査対象国等として、図表5の理由により選定した。

また、イギリス、フランス、アメリカ、カナダ、オーストラリア、ニュージーランド及び韓国の7か国については、図表6のスケジュールで海外実地調査を実施した。

以下、各章ごとに各国等の基準設定の在り方について報告する。

図表5　調査対象国・機関とその選定理由

国又は機関	選定理由
イギリス	①1980年代より公会計改革を推進してきた国であるため。 ②国と地方で設定主体が異なるものの、単一の諮問機関を活用することで両者の整合を図っているため。 ③国際財務報告基準（IFRS:International Financial Reporting Standards）を前提とした基準設定を行っている点が特殊であるため。
フランス	①制定法主義を採用しており、また我が国の会計法等に一定の影響を与えたため。 ②近年公会計基準設定制度を構築し、運用を始めたため。 ③国と地方、その他の行政機関向けに会計基準が設定されているが、単一の諮問機関を活用することで基準間の整合性を確保しているため。
アメリカ	①政府機関が連邦向けの、民間機関が州・地方向けの基準を設定しているという点で特殊であるため。 ②職業会計士団体が政府の会計基準についてもGAAP[1]認定を行うという点で特殊であるため。

---

1) Generally Accepted Accounting Principles、一般に公正妥当と認められる会計原則。

カナダ	①1980年代より公会計改革を推進してきた国であるため。 ②職業会計士団体が公会計基準設定を担っているという点で特殊であるため。
オーストラリア	①近年公会計基準設定制度を改訂したため。 ②単一の会計基準設定主体が公会計を含む単一の会計基準を作成しているため。 ③セクター・ニュートラルアプローチ[2]を採用しているため。
ニュージーランド	①早くから政府に発生主義予算・決算を導入した国であるため。 ②単一の会計基準設定主体が民間基準・公会計基準の両方を作成しているため。 ③近年セクター・ニュートラルアプローチを変更したため。
韓国	①制定法主義を採用しており、また我が国の法体系と近似しているため。 ②近年公会計基準設定制度を構築し、運用を始めたため。
ドイツ（文献調査のみ）	①制定法主義を採用しており、また我が国の法体系と類似しているため。 ②連邦・州で公会計制度を共通化すべく取り組んでいるため。
国際公会計基準審議会（IPSASB）	各国の利害関係者が参加する中、どのように基準設定を行ってきたのかを把握するため。

---

2) セクター・ニュートラルアプローチとは、公的部門にも民間部門にも適用される1組の会計基準を作成する方法である。オーストラリア、ニュージーランドにおいて採用されている。Ⅴ オーストラリアにおいて詳述。

図表6　調査スケジュール・対象機関等一覧

調査日時	対象国	対象機関	担当者役職
2012年 2月27日	イギリス	財務省（HM Treasury） 財務報告諮問審議会（FRAB）	主計局内部監査担当副局長、FRAB事務官
		勅許公共財務会計協会(CIPFA)	研究員
2月28日		CIPFA	主任研究員
		財務報告評議会（FRC） 会計基準審議会（ASB: 当時）	主任研究員、調査研究員
3月1日	フランス	会計基準庁（ANC）	長官　他
3月2日		公会計省公共財政総局	会計原則・監査担当
		公会計基準審議会（CNOCP）	プロジェクトマネジャー
7月24日	アメリカ	政府会計基準審議会（GASB）	主任研究員
7月26日		連邦会計基準諮問審議会（FASAB）	事務局長
7月27日	カナダ	カナダ勅許会計士協会公会計審議会（PSAB）	協会副会長兼PSABメンバー
9月4日	オーストラリア	オーストラリア会計基準審議会（AASB）	議長兼CEO 主任研究員　他
		オーストラリア会計士協会（CPA Australia）	主任政策顧問（財務報告等）他
		ビクトリア州財務金融省	予算・財務管理課会計政策係長
9月6日	ニュージーランド	外部報告審議会（XRB）	事務局長
		財務省	主任会計顧問 （XRBメンバー）
		会計検査院	副検査官 （NZASBメンバー）
9月7日		ニュージーランド勅許会計士協会	制度・品質管理執行役員
11月27日	韓国	行政安全部（現安全行政部）	財務管理担当係長　他
11月28日		国家会計基準センター（NASC）	NASCセンター長 企画財政部担当係長　他

Ⅰ イギリス

公的部門と公会計基準の概況

1．調査対象国の選定理由[1]

　イギリスは1980年代より公的部門改革を実施しており、我が国の行政改革でも度々参考とされてきた国である。イギリスでは中央政府及び地方自治体とも発生主義会計を導入しており、現在はIFRSをベースとした会計基準を採用しているという点においても、今後の我が国の公会計基準設定の在り方を検討する上で重要になると推察される。

2．公的部門の状況

(1) 公的部門の状況

中央政府

　イギリスの正式名称は「グレートブリテン及び北アイルランド連合王国[2]」であり、イングランド、スコットランド、ウェールズ及び北アイルランドの4つの地域からなる立憲君主制国家である。

---

1) 2012年2月27日、28日にイギリスで現地調査を行い、以下の機関・役職者に対しインタビューを実施した。
　・HM Treasury（財務省）：主計局（Public Service Directorate）内部監査担当副局長（Deputy Director）、FRAB担当事務官
　・CIPFA（勅許公共財務会計協会）：主任研究員（Policy and Technical Director）、研究員（Assistant Director）
　・FRC（財務報告評議会）：主任研究員（Technical Director）、調査研究員（Director of Research）
2) The United Kingdom of Great Britain and Northern Ireland

議会は上院（House of Lords）と下院（House of Commons）の二院制であり、下院のみ総選挙で選出された議員により構成されている。議院内閣制に基づき、首相は下院で第一党になった党首が女王の任命によって選出される。現在の内閣は、保守党・自由民主党連立政権であり、首相は保守党のデビッド・キャメロン氏である。

地方自治体

我が国では、日本国憲法により地方自治が保障されているが、イギリスでは、地方自治は議会が制定する法律及び慣習法に基づいて行われている[3]。

1972年地方自治法では、地方自治体は、原則として、議会が制定する法律により個別に授権された事務のみを処理できるものとされていた。

しかし、2000年地方自治法により、地域社会及び住民の福祉の増進に関する3分野（経済、社会福祉及び環境）の政策を一定の制約の下で自由に実施することができることになった。

2011年には、2011年地域主義法（Localism Act 2011）が成立したことにより、地方自治体に対し、法令で禁止されていないいかなる行動をも行うことができる「包括的権限（General Power of Competence）」が付与された。国から地方自治体へ権限が大きく委譲されたといえる。

(2) 財政制度

中央政府は地方自治体に補助金を支出しており、地方自治体の財源のうち、中央政府からの補助金は約75％を占めている（自主財源21％）[4]。

3）イギリスでは、1つに成典化された憲法典はなく、制定法、判例法及び慣習法がイギリスの憲法を構成している。
4）HM Treasury（2012a）

3．公会計基準の状況

(1) 基準設定状況

中央政府

　政府会計基準として、1997年よりUK-GAAPを必要に応じて修正した「資源会計マニュアル（RAM: Resource Accounting Manual）」を作成し、適用していた。2005年に財務省は、府省、執行エージェンシー、非省庁公共機関（NDPB: Non Departmental Public Body）、トレーディング基金等のマニュアルやガイダンスを統合して、「政府財務報告マニュアル（FReM: Government Financial Reporting Manual）」を作成した。

　2005年に民間にIFRS（EUにおいて適用されたIFRS（EU-adopted IFRS）。以下「EU版IFRS」という。）が導入されたことを受け、FReMはEU版IFRSをベースに、イギリス中央政府特有の事象について必要な修正・追加を行うこととした [5]。したがって、EU版IFRSを完全適用しているのではない。

地方自治体

　地方自治体の会計基準として「イギリスにおける地方自治体会計の実務規範：SORP」[6] が採用されていた。

　2010年度よりEU版IFRSをベースにイギリス地方自治体特有の事象について修正・追加を加えた実務規範（Code: Code of Practice）に従って、財務諸表を作成している。中央政府と同様、EU版IFRSを完全適用しているのではない（EU版IFRSをイギリスの公的部門向けに修正する方法については、7．基準設定方法を参照のこと [7]。）。

---

[5] HM Treasury ウェブサイト参照（http://www.hm-treasury.gov.uk/frem_index.htm（最終閲覧日：2013年5月7日））。
[6] Code of Practice on Local Authority Accounting in the United Kingdom: A Statement of Recommended Practice。SORPは特別な産業や部門（セクター）についての会計慣行に関する推奨実務書であり、会計基準や他の法令・規則の内容を補完する業種別の会計指針である。自治体の会計基準に相当する「イギリスにおける地方自治体会計の実務規範：SORP」以外にも複数のSORPが存在する。

(2) 適用状況
中央政府

1994-95年度議会で、中央政府とその関連機関全てを連結した財務諸表を作成すべきだという議論がなされた。1998年、財務省は、全ての公的機関を連結した財務諸表が、政府と外部利用者双方の利益となる最善の方法だと結論付けた。

2001-02年度に、中央政府のみの財務諸表を作成し、2007-08年度に地方自治体、国民医療保健機構（NHS: National Health Service）、公的会社を含む政府全体財務諸表（WGA: Whole of Government Accounts）が初めて完成した。2009-10年度よりEU版IFRSをイギリス公的部門向けに修正した基準により作成している[8]。

政府財務報告マニュアル（FReM）は、政府全体の財務諸表に組み込まれる全ての報告主体である独立会計主体、ファンドその他の会計単位に適用される（一部の例外を除く※。）[9]。

具体的には、以下において適用されている。

①各省庁

②執行エージェンシー

③非省庁公共機関（NDPB）

④スコットランド、ウェールズ及び北アイルランド自治政府の同様の機関

※地方自治体やトレーディング・ファンド、NHSトラスト及びNHS基金トラストではないパブリックカンパニーには適用されない。

財務諸表（Resource Accounts：資源会計決算書とも訳される。）は、4月1日から3月31日を会計年度として作成される。各府省は財務諸表を翌会

---

[7] 公的部門についてもEU版IFRSを基に基準開発を行っているため、オーストラリアと同様、実質的にはセクター・ニュートラルの考え方が採用されていると思われる。ただし、現地でのヒアリングや公式文書等においてセクター・ニュートラルを採用しているとの回答及び記載を確認することができなかったので、EU版IFRSを基にした基準開発を行っているとの説明にとどめている。

[8] HM Treasury（2012b）。基準設定前に行っていた既存実務の整理方法について、中央政府では1年の準備期間（並行適用）を設けた後、強制適用することとした。

[9] FReM 1.1.2

計年度の11月30日までに会計検査院長（Comptroller and Auditor General）に提出し、検査（examine）を受ける必要がある（2000年政府資源会計法（GRAA 2000: Government Resources and Accounts Act 2000）第5条第5項）。会計検査院長の検査を経て、財務省は各府省の証明済み財務諸表及び検査報告書を下院に提出している（同法第6条第4項）。

また、財務省は国と地方を合算した政府全体財務諸表を作成の上、会計検査院長に提出し、検査を受ける必要がある（同法第9条第1項、第11条第1項）。会計検査院長の検査を経て、財務省は、証明済み政府全体財務諸表及び検査報告書を下院に提出している（同法第11条第3項b及び同条第4項）。

地方自治体

地方自治体においては、中央政府により1974年に自治体に決算書の作成が義務付けられ、1983年の外部監査開始からCode等に準拠して作成されてきた。適切な情報開示のため、1993年より発生主義が導入されている。IFRSの適用は2010-11年度からとなっている。移行に当たっては、Codeに経過措置を扱う別章を設けて対応した。

Codeは地方自治体が提供する全てのサービス領域について適用される（2003年地方自治法第23条）。

①カウンティ（広域自治体：我が国の県に相当）

②ディストリクト（基礎自治体：我が国の市町村に相当）

③グレーター・ロンドン・オーソリティー（GLA：ロンドン全体を担う地域政府）

④ロンドン区

⑤シティ・オブ・ロンドン・コーポレーション

⑥警察、消防、保健及びゴミ処理に関するサービス提供主体

⑦スコットランド、ウェールズ及び北アイルランドにおける同様の機関

財務諸表は、4月1日から3月31日を会計年度として、翌会計年度9月30日までに作成し（2011年（イングランド）会計監査規則第8条）、コミュニティ・地方自治省（DCLG: Department for Communities and Local

Government)に提出する。

(3) 監査の状況
中央政府

中央政府が作成する財務諸表（Resource Accounts）は、2000年政府資源会計法により検査が義務付けられている（2000年政府資源会計法第5条第5項）。会計検査院（NAO: National Audit Office）の会計検査の後、会計検査院長の意見を受ける。会計検査院長は財務諸表の適正性及び会計処理の準拠性について検査を行う（同法第6条第1項）。会計検査院長は検査済みの財務諸表と検査報告書を1月15日までに財務省へ提出する（同法第6条第3項）。

また、会計検査院長は政府全体財務諸表についても財務諸表の適正性について検査を行う（同法第11条第2項）。会計検査院長は政府全体財務諸表を検査し、検査報告書を作成する（同法第11条第3項a）。会計検査院長は証明済み政府全体財務諸表と検査報告書を財務省に提出する。

地方自治体

地方自治体の作成する財務諸表については、1998年監査委員会法（Audit Commission Act 1998）により監査（Audit）が義務付けられている（同法第2条第1項）。監査報告は9月30日までに求められている（2011年（イングランド）会計監査規則第8条）。

従来、地方自治体の監査は監査委員会が独占的に行ってきたが、キャメロン政権による改革に伴い、監査委員会の在り方について検討がなされた。その結果、監査委員会による独占的な監査体制を見直すことになり、現在は、地方自治体の監査は、監査委員会が7割、一般の監査法人が3割担当している[10]。地方監査法案（Local Audit Bill）が成立すれば、監査委員会は2015年までに廃止され、外部監査の新たな仕組みが導入される。これにより、監査委員会が従来担っていた自治体とその他公的機関の監査範囲を規定し、監査

10）CIPFAよりヒアリング。

人の指針を作成する役割は、NAOに移管されることとなる。2012年11月には、監査人700人が民間会社に移籍し、監査業務は終了したとされている[11]。

公会計基準設定の在り方

4．基準設定主体の基礎情報

> 中央政府は財務省がIFRSをベースとした会計基準「政府財務報告マニュアル（FReM）」を作成し、適用している。
> 地方自治体は勅許公共財務会計協会（CIPFA）と地方自治体会計諮問委員会（LASAAC）の合同委員会がIFRSをベースとした会計基準「実務規範（Code of Practice）」を作成し、適用している。
> 基準設定に当たり、財務報告諮問審議会（FRAB）が中央政府及び地方自治体の基準設定主体に対して助言している。

(1) 設立の経緯、歴史的変遷
中央政府（財務省、財務報告諮問審議会: FRAB）
財務省は、中央政府の財務諸表（Resource Accounts）の作成に適用される会計処理の原則及び手続である「政府財務報告マニュアル（FReM）」を規定している（2000年政府資源会計法第5条）。1996年に財務省に設置された財務報告諮問審議会（FRAB: Financial Reporting Advisory Board）は、中央政府の会計基準設定プロセスにおいて財務省に助言する独立した諮問機関であり、財務省はFReMの設定に当たりFRABに諮問する必要がある（同法第24条）。

---

11) 監査委員会ウェブサイト参照（最終閲覧日：2013年5月7日）。
　　http://www.audit-commission.gov.uk/aboutus/future/pages/default.aspx

地方自治体(勅許公共財務会計協会: CIPFA)

　1885年、地方自治体財務会計に関する実務的な業務をサポートする目的で、地方自治体財務会計部長協会(CTAI: Corporate Treasurers and Accountants Institute)が誕生した。CTAIは1901年に会社法の規定に基づいて法人化され、「市町村財務会計部長協会(IMTA: Institute of Municipal Treasurers and Accountants)」に名称を改めた。1959年にはイギリス王室により設立認可(Royal Charter: 王室憲章)された。1973年には再び王室憲章が与えられ、IMTAから勅許公共財務会計協会(CIPFA: Chartered Institute of Public Finance and Accountancy)へと名称を変更した。

　CIPFAは非営利(Charity)法人として、地方自治体をはじめとする公的部門の財務、会計、監査、コーポレート・ガバナンスなどに関する職業会計士団体としての地位を確立した。

　CIPFAは、イギリスにおける職業会計士の諸団体において、地方自治体会計基準の設定に責任を有している唯一の団体である[12]。CIPFAとスコットランド地方自治体会計諮問委員会(LASAAC: Local Authority Scotland Accounts Advisory Committee)が設定した「イギリスにおける地方自治体会計の実務規範:SORP[13]」は地方自治体公会計基準として採用されてきた。SORPとして成立するには、会計基準審議会(ASB: Accounting Standards Board)の承認が必要であった。

　ASBが企業会計にIFRSを完全採用したことを受けて、CIPFAとLASAACは、2010年度から中央政府と同様、FRABの諮問を経て会計基準を設定する仕組みに移行することを決定した[14]。ASBによるSORP承認は2009年度版をもって終了し、2010年度よりIFRSを基にしたCodeを設定している[15]。

---

12) Terms of reference of CIPFA/LASAAC (CIPFA/LASAAC運営規約) 1.1
13) Statement of Recommended Practice: SORP (推奨実務書)。特別な産業や部門(セクター)についての会計慣行に関する実務書であり、会計基準や他の法令・規則の内容を補定する。地方自治体向け以外にも複数のSORPが存在する。ASBによって発行されるものだけでなく、ASBが承認したそれぞれの業種の実態を把握した団体等によって設定されたものも含まれる。
14) 石原(2009)
15) CIPFA(2012)

(2) 役割と権限

中央政府（財務省、FRAB）

　基準設定主体は財務省である。2000年政府資源会計法（GRAA 2000: Government Resources and Accounts Act 2000）において、中央政府の会計基準を財務省が設定する旨、規定されている。基準設定・改訂に先立ち、財務省はFRABに対し諮問しなければならない（同法第24条）。

　FRABのメンバーは主に財務省以外のメンバーにより構成されており、国から独立した基準設定が可能となっている。2000年政府資源会計法は、FRABに対して法的根拠を付与している[16]。

地方自治体（CIPFA/LASAAC）

　基準設定主体であるCIPFA/LASAAC地方自治体会計規範審議会（CIPFA/LASAAC: CIPFA/LASAAC Local Authority Accounting Code Board）が会計基準を設定している[17]。指針等はCIPFAの審査会（パネル）の1つである地方自治体会計パネル（LAAP: Local Authority Accounting Panel）が設定している[18]。指針は強制力があるものではなく（法的裏付けもない。）、CIPFA/LASAACは特に関与していない。

　CIPFAは非営利法人（Charity）であり、LASAACはCIPFAのスコットランド支部が事務局を担っている委員会組織である。

　CIPFAに対し、基準設定権限を付与する法令はない。CIPFAが定めるCodeに対しては、2003年地方自治法（Local Government Act 2003）において基準としての強制力が付与されている（同法第21条）。

　LASAACは1973年地方自治法（Local Government (Scotland) Act 1973）により権威付けされている（同法第105条）。2003年地方自治法（Local Government in Scotland Act 2003）においては、「地方自治が適切な会計慣

---

16) 財務省について、2000年政府資源会計法第5条を、FRABについて、同法第24条を参照。FRABは、「財務省に対し財務報告及び会計基準について助言するにふさわしい人々の集まり」とされている。
17) CIPFA/LASAAC運営規約1.2
18) CIPFA/LASAAC運営規約2.7。従来SORPの内容を補う告示を発行していた審査会である。

行に従っているかどうかを観察する義務がある」とその役割をさらに強調している（同法第21条第2項）。

(3) 活動監視

　財務省に設置されたFRABが、財務報告原則や会計基準について、財務省やCIPFA/LASAAC等の関連機関から独立した立場で助言している[19]。CIPFA/LASSACに対するレビューは同意書（Agreement）に基づき、Codeが公的部門特有の事項として規定している事項を除きIFRSと整合していることを毎年確認するものである。

　一方、FRABもFRABレビューグループによる監視を受けている。監視項目は、FRABの役割、組織及び運営方法についてである。なお、この監視は自主的なものであり、強制的なものではない[20]。監視結果に対応するために2012年3月期実施した事項として、指名委員会の設置、メンバー構成の見直し（独立した会計士メンバーの追加選任）、メンバーの行動規範の作成・配布がある。

5. 資金調達

　FRABに対しては、設立母体たる財務省から予算措置がなされている。

　CIPFAは職業会計士団体であり、国からの予算措置は受けていない。運営資金は、会員からの会費収入、出版物の販売収入や講義収入等により賄っている[21]。

　LASAACはCIPFA、スコットランド勅許会計士協会、イギリス勅許公認会計士協会（ACCA: Association of Chartered Certified Accountants）、スコットランド政府及びスコットランド監査局からの資金提供を受けて運営している[22]。

---

19) FRAB運営規約2.1(c)、2000年政府資源会計法第24条
20) FRAB（2012a）2.4
21) CIPFA（2012）
22) LASAAC（2010）6.1

FRAB、CIPFA/LASAACとも、ボードメンバーは非常勤かつ無給であり、旅費等を支給するのみであるため、年間予算額はごく少額である。

6．人員構成

(1) FRAB、CIPFA/LASAACの構成

FRAB

　FRABの議長（政府から独立している。）は、財務省の会計助言顧問により指名され、スコットランド大臣、北アイルランド財務人事省及び地方自治省の同意を得て任命される[23]。FRABメンバーは、運営規約（Terms of reference）で定められた指名委員会（FRAB Nominations Committee、長はFRAB議長）や関連機関により指名される。メンバーは、財務諸表利用者や関連当局又はそれらから独立した組織にわけられ、経験や専門性に応じて選ばれる[24]。議長を含む全員が非常勤かつ無給[25]、任期3年（再任1度のみ可）であり[26]、メンバー構成は以下のとおりである。

　公務員委員15人及び民間専門家委員（図表7 ※印）6人から構成される。指名・任命機関は運営規約で指定されている。なお、公務員委員メンバーの職位はおおむね局長又は課長クラスである。

---

[23] FRAB運営規約3.1
[24] FRAB運営規約、FRAB指名委員会運営規約
[25] 財務省よりヒアリング。
[26] FRAB運営規約3.4、3.5

図表7　FRABメンバー構成

属性（出身母体等）	指名又は任命機関	人数
独立メンバー（小計：5人、全員民間専門家）		
※議長（コンサルタント、会計士）	関連機関	1人
※大学教授	FRAB指名委員会	1人
※民間会計事務所IFRS責任者	FRAB指名委員会	2人
※会計評議会議長	会計評議会[27]	1人
作成者／利用者（小計：6人）		
国／地方監査人	政府各省等財務局長	3人
地方自治省職員	地方自治省	1人
国家統計局職員	国家統計局	1人
地方自治体職員	CIPFA/LASAAC[28]	1人
監査人（小計：3人）		
会計検査院職員	会計検査院長	1人
NHS監督機関職員等	他の公的部門監査機関	2人
関連機関（小計：7人）		
財務省職員	財務省	1人
保健医療省職員等	保健医療省等	2人
スコットランド財務省職員	スコットランド政府	1人
ウェールズ会計検査院職員	ウェールズ政府	1人
北アイルランド財務省職員	北アイルランド政府	1人
※CIPFA職員	CIPFA	1人
	合　　　計	21人

（出典）FRAB（2012a）Annex Dに基づき作成。

CIPFA/LASAAC

　CIPFA/LASAACのボードメンバーは同意書に従い、CIPFA（イングランド・ウェールズ）、LASAAC（スコットランド）、北アイルランド環境省より指名される。オブザーバーは、FRCやFRAB、会計検査院等から指名さ

---

[27] Accounting Council。元会計基準審議会（ASB）。FRC、ASBの組織再編により、ASBはFRCの内部組織（Accounting Council）となった。11. 参考を参照。
[28] CIPFA/LASAAC指名の作成者／利用者メンバーは地方自治体財務諸表の作成者であることが求められている。

れる[29]。議長を含む全員が非常勤かつ無給[30]であり、任期は3年である[31]。指名機関ごとに会計検査院関係者1人及び地方自治体関係者1人の指名が必須である。公務員委員12人及び民間専門家委員5人（図表8※印）から構成され、具体的な構成は図表8のとおりである。

図表8　CIPFA/ LASAACメンバー構成

属性（出身母体等）	指名又は任命機関	人数
※民間会計事務所（議長）	公募を経てCIPFA/LASAACが任命	1人
監査委員会・会計検査院3人 地方自治体3人 ※民間会計事務所1人 ※コンサルタント2人	CIPFA（イングランド・ウェールズ）指名	9人
会計検査院2人 地方自治体2人 ※民間会計事務所1人	LASAAC（スコットランド）指名	5人
会計検査院1人 地方自治体1人	北アイルランド環境省指名	2人
	合　　計	17人

（出典）CIPFA/LASAAC運営規約3.1に基づき作成。

(2) 委員会の構成

FRAB、CIPFA/LASAACとも、委員会は設置していない[32]。

(3) 事務局スタッフの構成

FRABの事務局は、財務省の担当者が担っており、専任の事務局スタッフはいない[33]。事務局長1人と事務官2人が担当している。

---

29) CIPFA/LASAAC運営規約3
30) CIPFAよりヒアリング。
31) CIPFA/LASAAC運営規約4.2
32) 財務省及びCIPFAよりヒアリング。
33) 財務省よりヒアリング。

CIPFA/LASAACの事務局メンバーは常勤であり公募される[34]。人員構成は以下のとおりである。

図表9　CIPFA/LASAAC事務局メンバー構成

構成	人数
主任研究員	2人
アシスタントディレクター	1人
Code Secretariat	1人
ガイダンス担当	1人
合　　計	5人

（出典）CIPFA/LASAACウェブサイトhttp://www.cipfa.org/policy-and-guidance/technical-panels-and-boards/cipfa-lasaac-local-authority-code-board/whos-on-this-board（最終閲覧日：2013年5月7日）に基づき作成。

7．基準設定方法

(1) 基準設定テーマの選定方法

　財務省においても、CIPFA/LASAACにおいても、公式なアジェンダ設定プロセスはないが、一般に、新しい基準（IFRS）や新しい規制に対応してアジェンダを決定している[35]。

　草案の作成には、まずFRABワーキンググループを立ち上げる。FRABワーキンググループは、関係機関（relevant authorities[36]）により設置されるものである。メンバーは、FRABやCIPFA/LASAACの事務局長と関係機関が指名した者によって構成される。FRABの事務局長が議長を務め、メンバーはFRABによって承認される。

　このように、中央政府及び地方自治体の基準設定には、双方が情報を共有し、FRABが監視できる体制が整っている。

---

[34] CIPFAよりヒアリング。現地調査時、年収50,000ポンドで募集中であった。
[35] 財務省及びCIPFAよりヒアリング。
[36] 関連機関とは、財務省、スコットランド政府、北アイルランド議会、ウェールズ議会政府、保健省と、NHS財団の監督のために設立された法定組織である監督機関（NHS Monitor）、CIPFA/LASAACから構成される。FRAB（2012a）Annex C

(2) 基準設定のデュー・プロセス

財務省のデュー・プロセス[37]

① FRABワーキンググループで検討された事項について、FRABが公開草案（FED: FReM Exposure Draft）を作成し公開する（FEDはFRABの事務局が管理する。）
② 8週間の公開期間を設ける。
③ 関係機関でコメントを分析し、FRABの承認を得るため、書面にまとめる。草案が支持されない場合は、再びFRABワーキンググループで検討する。
④ FRABでの検討を行い、結果を公表する。
⑤ FReM成立。

CIPFA/LASAACのデュー・プロセス[38]

① コメントの招請（ITC: Invitation to Comment）と実務指針の公開草案（ED: Exposure Draft）の草稿段階でFRABが検討する。FRABの検討を受けてボード（CIPFA/LASAAC）がITCとEDを確定する。
② 8週間の公開期間を設ける。
③ ボードが受領したコメントを分析する。
④ CIPFAの公共財政管理審議会（PFMB: Public Finance and Management Board）とLASAAC、FRABにより検討を行う。
⑤ Code成立。

(3) IFRSからの修正プロセス

中央政府及び地方自治体とも、IFRSをイギリス公的部門の特性を踏まえて修正（adapt）しているが、修正方法については、関連機関の間での覚書[39]に記載されている。

---

37) FRAB (2012a) Annex C
38) CIPFAウェブサイト http://www.cipfa.org.uk/pt/cipfalasaac/process.cfm（最終閲覧日：2013年5月7日）
39) HM Treasury et al. (2012) Annex A

IFRSからの修正は、IFRSにおける要求事項が、イギリス公的部門の財務報告の説明責任目的・意思決定目的、質的特徴と整合するか、又は、当該要求事項が実務上不可能かどうかを考慮してその可否を判断する。

　IFRSからの修正を示唆する指標として、説明責任や規制のフレームワークの相違、ガバナンス・財務管理上の相違、政府の他の財務報告フレームワークとの連携、特定の権力の存在、社会給付等他の非等価交換を伴う諸活動、拠出・寄贈財産の存在及びIPSASにIFRSとは異なる規定又は追加規定が存在すること等が列挙されている。

8．基準設定主体と政府機関等との関係

(1) 政府機関からの独立性担保方法

　中央政府の会計基準設定は財務省が行っているが、同省は独立した諮問機関である財務報告諮問審議会（FRAB）を設置し、基準設定に当たり、FRABに諮問することとしている（2000年政府資源会計法第24条）。FRABのボードメンバーは主に財務省以外のメンバーにより構成されており、国からの独立性を確保した基準の設定が可能となる仕組みを設けている。さらにFRABのメンバー選任について財務省からの独立性を担保するため、FRAB指名委員会がメンバー候補を指名している。

(2) 基準の法的位置付け

中央政府

　中央政府における会計基準として、財務省によって定められる「政府財務報告マニュアル（FReM）」は、2000年政府資源会計法第5条において「資源会計は財務省によって定められる方針に従って作成すること」として法的に裏付けられている。会計基準のうち、既存の法令と矛盾する箇所が出てきた場合は基準を修正することにより対応している。

地方自治体

　地方自治体における会計基準であるCodeは、イングランド・ウェールズ

については2003年地方自治法第21条第2項、スコットランドについては2003年スコットランド地方自治法第12条、北アイルランドについては2005年地方自治体（北アイルランド）規則第24条において法的に裏付けられている。

(3) 企業会計の基準設定主体との関係

公会計基準は、企業会計の基準をベースに、公的機関に必要な修正を加えて作成されている[40]。企業会計基準設定主体と公会計基準設定主体は別個であるが、公会計基準設定主体のメンバーが企業会計の基準設定の会議に出席することにより、情報の共有を図っている[41]。

(4) その他政府機関との関係

財務省以外の府省等から指名された者がFRABのボードメンバーとなっている。CIPFA/LASAACへの助言、会議の出席により情報共有を図っている[42]。CIPFA/LASAACにおいても、ボードの会議にオブザーバーとしてFRABやスコットランド、ウェールズ、北アイルランド各政府からの出席者を受け入れている[43]。

9. 基準設定主体の必要性と今後の方向性

(1) 設立当時の社会環境

中央政府では、従来、現金主義により決算書を作成していた。

政府は内閣府に置かれた効率性ユニット（Efficiency Unit）の提言「政府におけるマネジメントの改善：ネクスト・ステップス」[44]を受けて、政府の行政機能の一部をエージェンシーに移管した。

イギリスの政府会計は伝統的に現金主義会計であったが、NHSやエージ

---

40) FReM, CIPFA（2012）
41) FRAB（2012a）Annex D FRAB運営規約3 CIPFA/LASSAC運営規約6.4
42) FRAB（2012a）Annex D
43) CIPFA/LASAAC運営規約6
44) Efficiency Unit（1988）

ェンシーなどでは発生主義会計が採用されることとなった。クラーク財務大臣は1993年、「資源会計」を政府会計に導入することを提案した。

　1994年、財務省の公開草案において、UK GAAP（企業会計）をベースとした資源会計の導入が発表された。これに寄せられたコメントにおいて、企業会計基準審議会（ASB）の公共部門のサブグループとして、会計原則の策定又は導入から独立した外部組織の必要性があげられた。これを受けて、FRABが設立された。

(2) 現状認識と今後の方向性

　財務省（＝基準設定主体かつ財務諸表作成主体）から独立した組織であるFRABが、基準設定について諮問することにより、中央政府や関連政府機関から一定の独立性を保った基準設定機能を構築・運用することが可能となった。地方自治体においては、地方自治体をはじめとする公的部門の会計専門職団体のCIPFA/LASAACが基準を設定しているため、専門性が高いといえる。

　以下の点より、中央政府、地方自治体の公会計基準の足並みをそろえることができるようになった。

　①FRABが諮問権限を拡張し、中央政府のみならず、地方自治体の会計基準についても諮問している。

　②FRABのメンバー・事務局がCIPFA/LASAACの会議にオブザーバーとして出席することにより、相互に情報共有をしている。

　なお、FReMやCodeの改訂に当たっては、今後も、IFRSやIPSASとの調和を図るべく、適時に検討がなされている。

10. 基準設定主体の国際戦略等

(1) IPSASBとの連携の方法、問題意識

　中央政府・地方自治体とも、IPSASはそのまま会計基準として適用できるほど十分に整備されていない[45]という判断から、IFRSをベースに公的部門に適用するために必要な修正・追加を行った会計基準を適用している。しかし、その国際的動向を把握するため、FRABではIASBだけでなくIPSASBの活動もモニターしている。また、CIPFA/LASAACでは、ボードメンバーがIPSASBのメンバーとなることにより情報共有を図っている。

(2) 他国設定主体との連携方法

　EUが適用しているIFRS（したがって、完全適用ではなく、適用除外している基準が存在する。）と整合性をとるようにしている[46]。CIPFAでは、オセアニアやアフリカの会計士団体と協定を結び、交流を図っている[47]。

11. 参考[48]

　ASBの上部組織である財務報告評議会（FRC: Financial Reporting Council）において、組織再編がなされた。従来、ASBは、企業会計基準及び公会計基準を設定[49]していたが、2005年から上場企業にIFRSが導入され、2009年以降公会計においてもIFRSが参照されることになり、その役割は縮小していった。2012年3月に実施された「Future Structure and Regulatory Procedures」におけるコメント公募を経て、ASBは、FRC・規範基準委員会に設置された評議会（Accounting Council）となった（図表12も参照）。

---

[45] IPSASBには監視機関が存在しないという点が指摘された（財務省よりヒアリング）。
[46] FRAB（2012b）
[47] CIPFA（2012）
[48] FRC（2012）
[49] ただし、前述したように公会計基準の草稿はCIPFA/LASAACが作成し、ASBはSORPとして承認するのみであった。

図表10　公会計基準設定経緯　概観

（FRAB設置以前）

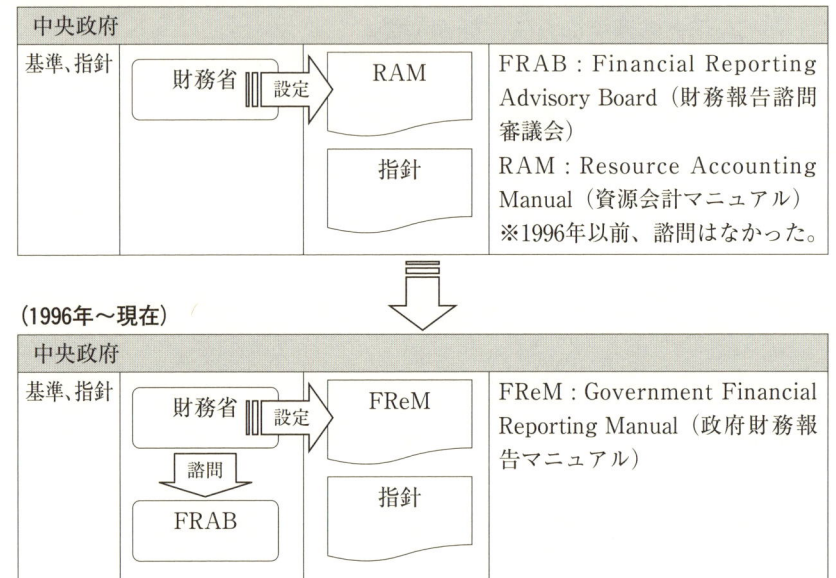

中央政府				
基準、指針	財務省 →設定→	RAM		FRAB：Financial Reporting Advisory Board（財務報告諮問審議会） RAM：Resource Accounting Manual（資源会計マニュアル） ※1996年以前、諮問はなかった。
		指針		

⬇

（1996年～現在）

中央政府			
基準、指針	財務省 →設定→ ↓諮問 FRAB	FReM	FReM：Government Financial Reporting Manual（政府財務報告マニュアル）
		指針	

Ⅰ　イギリス

（2010年以前）

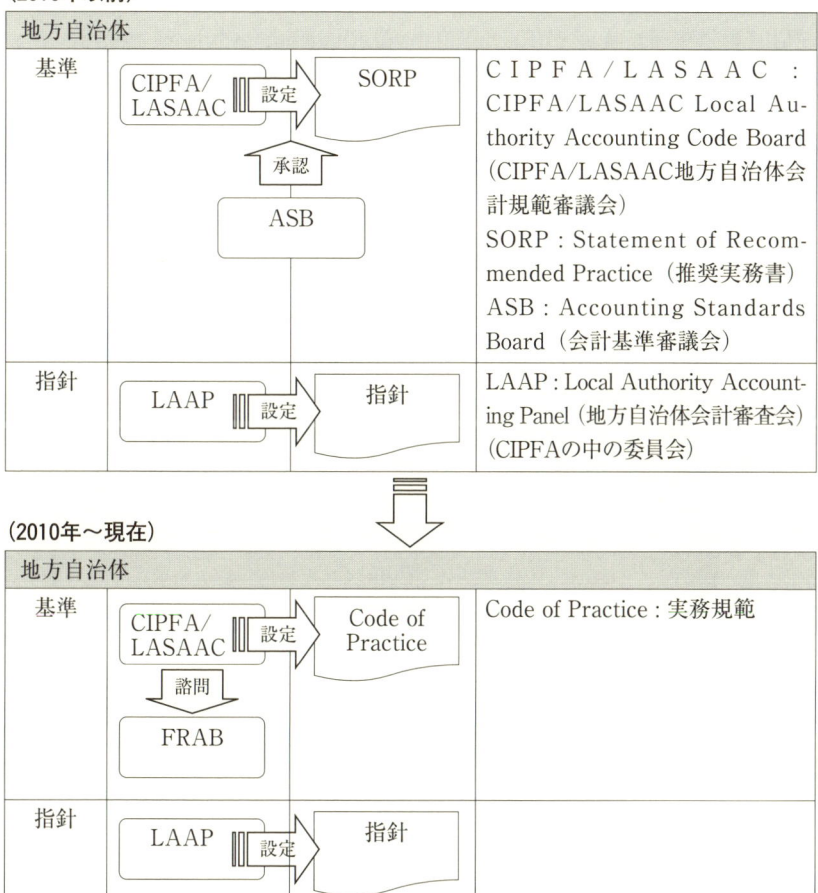

地方自治体			
基準	CIPFA/LASAAC →設定→ SORP ↑承認 ASB		CIPFA/LASAAC：CIPFA/LASAAC Local Authority Accounting Code Board（CIPFA/LASAAC地方自治体会計規範審議会） SORP：Statement of Recommended Practice（推奨実務書） ASB：Accounting Standards Board（会計基準審議会）
指針	LAAP →設定→ 指針		LAAP：Local Authority Accounting Panel（地方自治体会計審査会）（CIPFAの中の委員会）

⇓

（2010年〜現在）

地方自治体			
基準	CIPFA/LASAAC →設定→ Code of Practice ↓諮問 FRAB		Code of Practice：実務規範
指針	LAAP →設定→ 指針		

図表11　公会計基準設定主体及び関係諸団体の概要

①財務報告諮問審議会（FRAB: Financial Reporting Advisory Board）

No	項目	内容
1	役割	財務省が作成した「政府財務報告マニュアル（FReM）」について助言する。
2	機関の特徴	組織形態：政府機関 資金調達：財務省の予算下にある。
3	人員構成	ボードメンバー：21人 テクニカルスタッフ：該当なし 　※ボードメンバーは財務省、監査法人等から構成され、非常勤である。
4	その他	FRABは諮問機関であり、財務省職員が基準草稿を作成している。

②勅許公共財務会計協会（CIPFA: The Chartered Institute of Public Finance & Accountancy）

No	項目	内容
1	役割	LASAACと共同してCode（地方自治体会計基準）を作成する。
2	機関の特徴	運営母体：職業会計士団体 資金調達：出版物収入等により運営されている。
3	人員構成	（CIPFA/LASAAC合同委員会） ボードメンバー：17人（うち5人はLASAAC指名、2人は北アイルランド指名） テクニカルスタッフ：3人 　※ボードメンバーは非常勤かつ無給である。
4	その他	テクニカルスタッフが基準草稿を作成している。

③スコットランド地方自治体会計諮問委員会（LASAAC: Local Authority Scotland Accounts Advisory Committee）

No	項目	内容
1	役割	CIPFAと共同してCode（地方自治体会計基準）を作成する。
2	機関の特徴	位置付け：CIPFAスコットランド支部下の委員会 資金調達：スコットランド政府、スコットランド監査局等から資金が拠出されている。
3	人員構成	ボードメンバー：CIPFA/LASAAC合同委員会のメンバー17人のうち5人がLASAACの指名するメンバーである。 　※ボードメンバーは非常勤かつ無給である。

Ⅰ　イギリス

図表12　（参考）FRCの再編

＜以前の構造＞

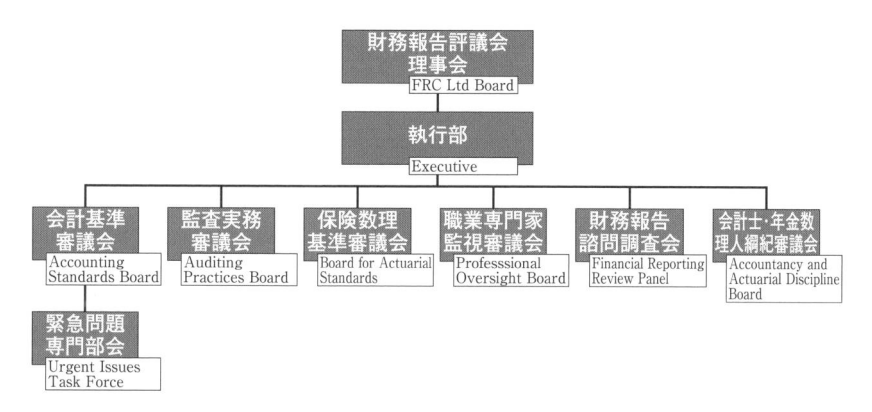

```
財務報告評議会理事会
FRC Ltd Board
    │
執行部
Executive
    │
    ├─ 会計基準審議会 Accounting Standards Board
    │     └─ 緊急問題専門部会 Urgent Issues Task Force
    ├─ 監査実務審議会 Auditing Practices Board
    ├─ 保険数理基準審議会 Board for Actuarial Standards
    ├─ 職業専門家監視審議会 Professsional Oversight Board
    ├─ 財務報告諮問調査会 Financial Reporting Review Panel
    └─ 会計士・年金数理人綱紀審議会 Accountancy and Actuarial Discipline Board
```

（出典）FRC http://frc.org.uk/About-the-FRC/FRC-structure/Former-FRC-structure.aspx に基づき作成。

＜現在の構造＞

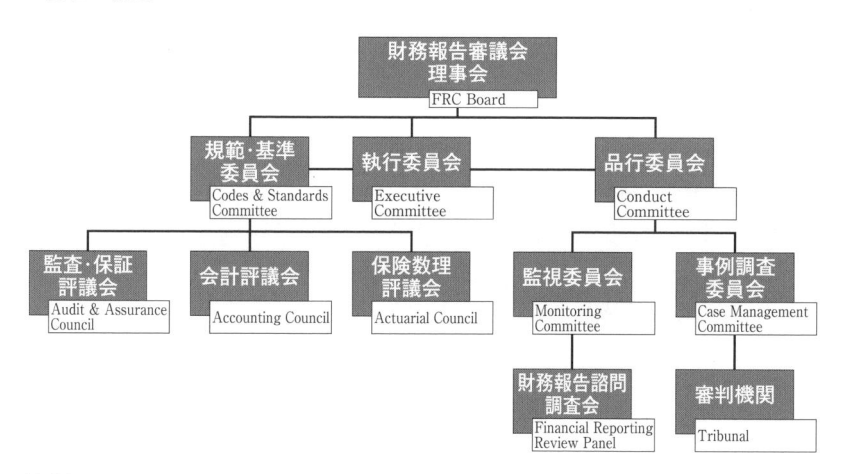

```
財務報告審議会理事会
FRC Board
    │
    ├─ 規範・基準委員会 Codes & Standards Committee
    │     ├─ 監査・保証評議会 Audit & Assurance Council
    │     ├─ 会計評議会 Accounting Council
    │     └─ 保険数理評議会 Actuarial Council
    ├─ 執行委員会 Executive Committee
    └─ 品行委員会 Conduct Committee
          ├─ 監視委員会 Monitoring Committee
          │     └─ 財務報告諮問調査会 Financial Reporting Review Panel
          └─ 事例調査委員会 Case Management Committee
                └─ 審判機関 Tribunal
```

（出典）FRChttp://frc.org.uk/About-the-FRC/FRC-structure.aspxに基づき作成。

イギリス国内における中央政府、スコットランド政府、ウェールズ政府、北アイルランドについて

　イギリスの正式国名は「グレートブリテン及び北アイルランド連合王国：United Kingdom of Great Britain and Northern Ireland」であり、イングランド、スコットランド、ウェールズ及び北アイルランドの4つの「国（地域）」から構成されている。イギリス中央政府は、1998年スコットランド法、1998年ウェールズ政府法（2006年に改正法）及び1998年北アイルランド法により各地域に議会の設置を認めた[50]。

　各国（地域）政府内に議会、行政府、司法機関が置かれており、権限委譲した範囲内での活動が認められている。なお、「イングランド政府」はなく、イングランドを管轄する政府はあくまでイギリス中央政府（UK government）である。

　イギリス議会が従前有していた立法権限のうち、スコットランド議会等へ委譲されたものは、保健及び社会福祉、教育及び職業訓練、地方自治体、住宅、運輸、農林水産業、環境及び計画、観光・スポーツ及び文化遺産保護、経済開発に関するものである。一方、権限委譲されていないもの（憲法、国際関係及び防衛、国家安全保障、国籍及び移民、マクロ経済及び財政政策、放送、税制、社会保障）については引き続きイギリス議会が権限と責任を負う（Cabinet Office（2011））。

　現在、スコットランドではイギリスからの独立の気運が高まっており、2012年10月15日、イギリス政府のディヴィド・キャメロン首相と、スコットランド自治政府のアレックス・サモンド首相が、2014年内にイギリスからのスコットランド独立の是非を問う住民投票の実施を合意するに至っている。

　地方自治体の会計基準についても、スコットランドではLASSACが、スコットランド以外の地域ではCIPFAが、それぞれ基準を設定することになっており、この点でもスコットランドの独自色が伺える。しかし、実際には両者は合同会議を設定し、同一の会計基準がイギリス全土で適用されている。

セクター・ニュートラルについて

　今回調査対象国のうち、オーストラリア及びニュージーランドについては、「官民問わず、同じ経済事象に対しては同じ会計処理がなされるべきである」という考え（セクター・ニュートラル）が根底にある。

Ⅰ　イギリス

(1) オーストラリアの場合

　オーストラリアでは、民間部門と公的部門で共通したAASB基準（IFRS準拠）を適用している。IFRSに規定がある論点については、公的部門にも適用されている。ただし、公的部門でIFRSをそのまま適用することが適当でない場合（例：減損会計）は、オーストラリア独自の条項を追加して対応している。

　AASB基準第1号から第13号が、IFRS第1号から第13号に対応し、AASB基準第101号から第141号がIAS第1号から第41号に対応する。AASB基準第1000号以降は、オーストラリア独自の会計基準として追加された基準である。公的部門向けに追加された基準として、例えば、AASB基準第1049号「政府全体及び一般政府部門における財務報告」がある。

(2) ニュージーランドの場合

　ニュージーランドでは、後述するように、近年の基準フレームワークの改訂により、民間向け基準と公的部門向け基準を分離することとなった。ニュージーランドの今回の改革の経緯と今後の動向については、Ⅵ　ニュージーランド　9．(2)において述べるとおりである。

　ニュージーランドがセクター・ニュートラルの考え方を放棄したというよりは、依然としてその根底にはセクター・ニュートラルの考え方が根付いているようである。民間セクターがIFRSを全面採用することを最優先しつつ、適切な公的セクターの会計基準の設定を行うための新しい枠組みを選択したと解するのが適当ではないかと思われる。セクター・ニュートラルな国際的な会計基準が設定され、ニュージーランドがそれを採用することが理想と考えるニュージーランドの会計人も多い。

(3) イギリスの場合

　イギリスでは、民間企業はEU版IFRSを適用している。また、公的部門についても、国、地方ともEU版IFRSを公的部門向けに修正した基準を採用している。このことから、イギリスでも実質的にはセクター・ニュートラル概念が採用されていると考えられる。

　ただし、公式文書や担当者へのヒアリングでは、セクター・ニュートラルを採用しているとの表明はなされなかった。

FRCとASBの再編

　イギリスのFRC及びASBは、2012年7月、組織再編により新たな体制に移行した。再編により、従来イギリス会計基準の設定を行っていたASBはFRCに対する諮問機関に衣替えされ、会計評議会（Accounting Council）となった。

　改組前のFRCには、規制上の役割が明確でない、ASB等を含めた組織構成が複雑である、職業会計士団体からの独立性が不十分であるといった課題を抱えていた（BIS & FRC（2011））。

　図表12の下段で示したとおり、今回の改組により、FRC理事会と会計評議会に加えて、新たに規範・基準委員会（CSC：Codes and Standards Committee）が設置された。CSCは、会計評議会の他に、監査・保証評議会及び保険数理評議会を監視している。各基準間にまたがるような大局的な課題についても検討することとされている。会計評議会の議長はFRC理事会が任命し、同評議会メンバーは、CSCが任命する（FRC（2012））。

---

50) イギリスでは、一連の改革を、地方分権（Decentralization）ではなく、権限委譲（Devolution）と呼んでいる。

Ⅱ　フランス

公的部門と公会計基準の概況

1．調査対象国の選定理由[1]

　フランスは制定法主義を採用している点で、日本の法体系に近い面がある。また、明治期に我が国に導入された会計法（国の会計を規定する法律）が、フランス法の影響を受けていたと言われている。

　さらに、近年まで中央政府の会計基準が発生主義に基づくものではなく、修正現金主義であった（発生主義の導入は2006年度からである。）。近年の公会計改革により、公会計基準設定主体である公会計基準審議会（CNOCP: Conseil de normalisation des comptes publics）が設立された（2009年）。よって、フランスを調査対象として選定した。

2．公的部門の状況

(1)　公的部門の状況

中央政府

　中央政府の地方自治体に対する統制が強い中央集権国家である。例えば、

1）2012年3月1日、2日にフランスで現地調査を行い、以下の機関・役職者に対しインタビューを実施した。
　・CNOCP（公会計基準審議会）：プロジェクトマネジャー（Chargée de Mission）
　・DGFiP（公会計省公共財政総局）：会計原則・監査担当（Responsable secteur doctrine comptable et audit）
　・ANC（会計基準庁）：長官（Président）他

地方自治体の命令機関（ordonnateur：支出負担行為を命令する。）は内務省[2]の地方公共団体総局の職員である。一方、出納機関（comptable：歳入の調定及び収納、歳出予算の執行、決算を行う。）は予算、公会計及び国家改革省（以下「公会計省」という。）[3]の公会計総局の職員である。

地方自治体

「コミューン」（Commune：我が国の市町村に相当）と呼ばれる基礎自治体が多数（2010年1月時点で36,682）存在しており[4]、それぞれ小規模である。また、フランス革命を起源とするデパルトマン（Département：我が国の県に相当）が約100団体ある。さらに、広域自治体として、レジオン（Région：州）が26団体あり、三層制である。

(2) 財政制度

2011年（暦年）の歳出規模は、国（国関連機関を含む）が4,961億ユーロに対し、地方全体で2,344億ユーロである。また、地方独自収入が1,616億ユーロであるのに対し、中央政府からの移転支出（大部分が交付金）が718億ユーロである（地方自主財源率69％）[5]。地方自治体議会は新税を創設する権限はなく、自治体側で独自に決定できるのは税率の変更のみである。

3．公会計基準の状況

(1) 基準設定状況

企業会計、公会計及び国民経済計算の間の整合性を確保するための体系的な会計システムとして、プラン・コンタブル・ジェネラル（Plan Comptable

---

[2] 内務省…2012年5月成立のジャン・マルク・エロー内閣における正式名称は、「内務、海外・地方公共団体及び移民省（Ministere de l'Interieur, de l'Outre-mer, des Collectivites Territoriales et de l'Immigration）」である。
[3] 予算、公会計及び国家改革省＝Ministere du Budget, des Comptes publics et de la Réforme de l'Etat。以下公会計省の所管大臣を「公会計担当大臣」という。なお、2012年9月政府再編により、CNOCPを含む公会計担当部局・機関は、財務経済産業省の下に置かれることとなった。
[4] フランス国家統計経済研究所ウェブサイトより。http://www.insee.fr/fr/methodes/default.asp?page=definitions/commune.htm （最終閲覧日：2013年5月7日）。
[5] DGCL（2013）

General) が第二次世界大戦後から整備されてきた。プラン・コンタブル・ジェネラルは各部門間で勘定科目を極力統一しようとするものであり、企業会計、中央政府及び地方自治体それぞれにおいて10に分類された勘定科目表（Cadre Comptable）を持っている。

プラン・コンタブル・ジェネラルを前提にして、詳細な公会計基準は制定法により規制されており、中央・地方とも、政府機関（省庁等）がそれぞれアレテ（Arrêté、行政命令）や通知（Circulaire）を発して会計基準・指針を設定している。

中央政府

2001年に成立した予算組織法（LOLF: Loi organique n°2001-692 du 1er août 2001 aux lois de finances）により、予算改革と並行して中央政府の会計改革が進められた。試行期間を経て、2006年度より、中央政府にも発生主義[6]が完全導入されている。導入時には、1年間の経過措置が設けられ、導入支援として公共財政総局によって研修も実施された。

なお、LOLF施行以前は、現金主義によって会計処理を行い、事後的に発生主義への調整を行っていた。

地方自治体

地方自治体に対しては、発生主義会計の採用が1992年2月6日法により規定され、内務省及び経済財務産業省がコミューンの規模別や公営事業別に訓令を発することにより、詳細な指針を規定してきた。例えば、M11（住民10,000人以下のコミューン）、M12（住民10,000人以上のコミューン）、M21（病院）、M31（低所得者向け住宅）及びM51・M71（県・州向け：M12をおおむね踏襲）である[7]。

1996年12月27日アレテ[8]は従来コミューン向けの会計基準であったM11、

---

6) LOLF第30条（4．(1)において詳述）。なお、予算は現在も現金主義である。
7) MはModele（モデル）の略である。
8) Arrêté du 27 décembre 1996 relatif à l'instruction budgétaire et comptable M 14 des communes et de leurs établissements publics administratifs

M12を廃止してM14を新たな会計基準として規定し、減価償却や引当金を導入した。M14に続き、県に対するM51は2004年から、州に対するM71は2006年から改正基準が施行されている。

(2) 適用状況
中央政府

LOLF施行以後、中央政府の省庁には、完全発生主義の中央政府会計基準（Recueil des Normes Comptables de l'Etat）が適用されている[9]。会計年度は暦年であり、翌年度の6月1日までに会計検査院（Cour des comptes）による監査済み財務諸表が国民議会（下院）に提出[10]される（LOLF第46条）。他の政府関連機関（EPN:Etablissements publics nationaux）や、社会保障基金には別基準が適用されている。

地方自治体

その規模ごとに、地方自治体総局長[11]と公会計総局長[12]の連署のアレテとして、それぞれ異なる会計モデルが適用されている。中央政府と同様、会計年度は暦年であり、翌年度の6月30日までに財務諸表（予算決算書）を地方議会に提出しなければならない（地方公共団体法典（Code général des collectivités）L1612-12条第1項）。

(3) 監査の状況

中央政府財務諸表に対して、会計検査院により保証型の監査（certification）がなされる（財政裁判所法典（Code des juridictions financières）第111条

9）公会計担当大臣署名のアレテにより、中央政府会計基準の適用を決定した（2004年5月21日アレテ（Arrêté du 21 mai 2004 portant adoption des régles relatives à la comptabilité générale de l'Etat））。
10）下院に財務諸表が提出されない限り、翌々年度の予算審議を開始できない（同法第41条）。
11）地方自治体総局（DGCL: Direction Générale des Collectivites Locales）は内務省の部局である。
12）公会計総局（DGCP: Direction Générale de la Comptabilité Publique）は、公会計省の部局である。

の3）。監査は下院への財務諸表提出より前に実施されなければならない。なお、2010年12月期の財務諸表に対しては限定付適正意見が付されている[13]。

一方、地方自治体の財務諸表に対しては、州会計検査院（Chambres régionales des comptes）により、合規性を判断する会計検査（vérification）が行われている。保証型の監査（certification）は行われていない。

公会計基準設定の在り方

4．基準設定主体の基礎情報

> 中央政府会計基準については公会計省が、地方自治体会計基準については内務省が、それぞれ行政命令（アレテ）として公会計基準を規定している。政府機関のCNOCPが、フランスにおける全ての公会計基準を命令前に諮問することになっている。

(1) 設立の経緯と歴史的変遷

中央政府

中央政府では、改革・近代化の号令の下、財政の管理及び透明性の確保を目的とした公会計改革が進められてきた。当初は資産会計の重要性が認識され、1997年、当時の財務経済産業省が国庫局中央会計課に「資産会計委員会（MCP: Mission Comptablité patrimoniale）」を設置し、国の会計制度改革が始まった。この委員会の調査報告書において、意思決定に重点を置いた会計制度の確立等が提言された。当該制度確立のための短期目標として、発生主義会計の導入、外郭団体の連結及び国の資産の把握という3本柱の改革が提言されている[14]。

---

13) Cour des comptes (2011) pp.5〜7
14) 加藤 (2002)

2001年には、議員立法であるLOLF第30条において、以下が規定された。
・一般政府会計システムは発生主義によるべきこと（当該会計年度に実施された取引については、その支出や収納時点に関わらず、当該年度の収入支出として取り扱うべきこと）
・一般政府会計に適用される規則は、政府活動の特殊性を踏まえた点に限り会社と異なる会計基準とすべきこと
・以上の点は、公的部門・民間部門の専門家による委員会の意見に基づき決定すべきこと（当該委員会は予算法により規定される）。この意見は国民議会及び元老院（上院）の財政委員会に提出の上、公表すべきこと

これを受けて、CNOCPの前身である公会計基準委員会（CNCP: Comité des norms de la comptabilité publique）が設立された（2002年予算法第136条）。CNCPは中央政府（公会計省）の作成した中央政府会計基準についてのみ助言できたため、その権限が限定的なものであった。

2008年5月、公会計担当大臣から公会計基準設定の在り方についてCNCP議長（プラダ氏：現CNOCP議長）に諮問があった。同氏は、審議会構成、資金及びスタッフ等の基本設計を答申した（同年7月）[15]。同年12月、答申において示された制度設計を踏まえ、CNOCPが設立された（2008年12月30日補正予算法115条）[16]。2009年7月28日アレテ[17]は、プラダ氏をCNOCPの議長に任命し、同時に職権上の委員（公務員委員）を任命した。2009年11月、CNOCPとして最初の意見（avis）を公表している。

---

15) Prada（2008）
16) 2002年12月28日予算法第136条は当初CNCPについて規定していた。2008年12月30日補正予算法第115条により同条を改訂し、CNOCPへ改組。さらに、2009年12月30日補正予算法108条により、2002年12月28日予算法136条を再改正することによって、地方自治体の会計基準に対する助言機能（従来はCNCが担当）を、CNOCPへ移行した。
　2009年12月30日補正予算法制定時、CNCは国家会計規制委員会（CRC: Comite de la reglementation comptable）と統合し、会計基準庁（ANC: l'Autorité des normes comptables）となっていた。
17) Arrêté du 28 juillet 2009 portant nomination au conseil de normalisation des comptes publics

地方自治体

　現在地方自治体に適用されている会計基準（M14等）は、1996年に導入された。1990年から1991年にかけて行われた、公認会計士協会公共部門部会の地方財務会計に関する議論と並行して、地方会計改革諮問会議（行政府主導）が1990年から1992年まで開催され、M14の大枠が定められた。

　地方自治体会計基準については、国家会計審議会（CNC: Conseil National de la comptabilité）が諮問を行っていたが、2009年にその業務を引き継ぐことで、CNOCPは、公的部門全体に対する諮問機能を獲得した。

　なお、CNOCPが設立されるまで、社会保障制度運営機関の会計については、各省間高等評議会（HCICOSS[18]）が、社会保障財政法に規定される会計基準について諮問していたが、地方自治体会計と同様、2009年以降はCNOCPが諮問することとなった。

(2) 役割と権限

　CNOCPは公会計担当大臣の諮問機関である。したがって、会計基準及び指針とも基準設定権限は政府機関にある。CNOCPは、公会計に関するアレテ等の行政命令全てを事前に確認し、意見を提出することができる[19]。現在までCNOCPの提出・公表した意見に反するアレテが公表されたことはないとのことである[20]。

　法令上の根拠は、2008年補正予算法第115条（改正前の2002年予算法第136条）第1項にある。CNOCPには、「経済現代化法第152条の権限（企業会計基準の設定権限等）に影響されることなく、国の会計規則や公的資源が拠出されているその他の公的機関又は民間機関の会計規則に対して事前に意見を述べる責任」があるとされている。

---

18) Le Haut conseil interministériel de la comptabilité des organismes de Sécurité sociale
19) 2009年4月29日アレテ第1条（Arrêté du 29 avril 2009 relatif au conseil de normalisation des comptes publics）
20) CNOCPよりヒアリング。

(3) 活動監視

戦略諮問委員会（Le comité consultatif d'orientation）がCNOCPを監視している。CNOCPの年次計画と年次報告書に対して意見する（CNOCP内規第10条）。

5．資金調達

CNOCPの資金提供元は公会計省国家近代化局であり、同局の予算に含まれている[21]。同局の予算の一部に含まれているため、現状の年間予算額は不明である。前掲プラダ氏のレポートによると、1.5百万ユーロと見積られている（人件費1.3百万ユーロ、その他運営経費0.2百万ユーロ）[22]。

6．人員構成

(1) CNOCPボード（Collège）の構成

議長は予算担当大臣が任命する（2008年12月30日補正予算法第115条）。専門家メンバーは、公会計担当大臣のアレテにより指名を受ける。ボードにおくべき職権上のメンバー（会計検査院長、財務経済産業省等の公務員代表）はアレテにおいて規定されている[23]。ボードメンバーの構成は図表13のとおりである。

---

21) CNOCPよりヒアリング。
22) Prada（2008）p. 13
23) メンバー指名について、例えば、2009年7月28日アレテ（Arrêté du 28 juillet 2009 portant nomination au conseil de normalisation des comptes publics）を参照。
　なお、メンバーの交代もアレテによりなされる。例えば、2010年3月1日アレテ（Arrêté du 1er mars 2010 portant nomination au Conseil de normalisation des comptes publics）を参照。職権上の委員を誰が任命するかについては、2009年4月29日アレテ第4条にて規定されている。

図表13　CNOCPボードメンバー構成

No.	構成（アレテで指定）	メンバーの肩書
1	議長（IFRS財団評議員会議長等）	同左
2	会計検査院長指名の会計検査院司法官[24]	最高顧問
3	地方財政委員会[25]委員長の代理	ロワール市議員及び地方財政委員会委員
4	社会保障会計委員会の事務総長	同左
5	財務監察団長官の代理	財務監察官
6	内務省地方公共団体総局長の代理	地方財政及び経済分析副局長補佐
7	社会保障局長	同左
8	国庫総局長の代理	予算及び会計担当室長
9	公会計省公共財政総局長の代理	副局長
10	予算局長の代理	第1局長
11	会計基準庁（ANC）長官　※1	同左
12、13	ANCの審議会メンバー2人　※1	民間企業の会計監査役（Commissaire aux comptes）及び財務諸表作成者
14～16	企業会計の専門家3人　※2	民間企業の会計監査役
17～19	公共財政の専門家3人　※3	金融検査官、民間企業の会計監査役及び名誉財務支局長
	合　計　　19人	

（出典）CNOCPウェブサイト「Composition du Collège du Conseil de normalisation des comptes publics au 30 mai 2011」に基づき作成。
※1　ANC議長と2人のANC審議会メンバーが、企業会計の専門家としてCNOCPメンバーに選任されている。
※2　企業会計の専門家として民間企業の監査人が3人専門家枠で選任されている。
※3　公共財政の専門家として政府等から3人選任されている。

議長を含め合計で19人であり、全員が非常勤である。No.2～10が職権上のメンバー（公務員）及びNo.11～19が専門家メンバーである。公務員委員は

---

[24] フランスの会計検査院Cour des comptesは、司法機関である（直訳すると「会計裁判所」）。したがって、検査に携わる官僚（judge）を司法官と訳出した。
[25] 地方自治体関係者（議員）により組織される委員会であり、地方財政調整機能の監視と、地方自治体への助言、地方財政会計制度に関する助言・提案を行っている。

12人及び民間専門家委員は7人（ANC関係者は民間専門家に含めた）である。

デクレ[26]（Décret：大統領又は首相による行政命令）により、議長と委員会の委員長に対し、月額固定の報酬を支払うこと（アレテ[27]で上限を規定）を規定している。議長は5,000ユーロ/月が上限であり、委員長は1,000ユーロ/月が上限である。中央政府から給与支給していない審議会メンバー、委員会の委員については出席した会議1回当り300ユーロを上限として報酬を支給できる。ただし、支給回数は年8回までとされている。また、旅費も公務員会議費用支払規程に準拠して支給される（2010年12月7日デクレ第4条）。

議長と専門家委員の任期は3年で、再任は1度限り可能である（2009年4月29日アレテ第4条。）。他機関から職権上のメンバーとしてきているメンバーについては、所属元の機関における任期が満了すれば、CNOCPの任期も満了する。なお、会議は年5回（2011年）開かれている[28]。

(2) 委員会の構成

審議会（ボード）の下に中央政府とその関連機関を扱う委員会（以下「中央政府委員会」という。）、地方自治体とその関連機関を扱う委員会、社会保障制度とその類似機関を扱う委員会（以下「社会保障制度委員会」という。）を置いている[29]。

各委員長はCNOCP議長が他のCNOCPメンバーの意見を聴いて選任する。その他の委員は、委員長が任命する。委員は委員長を含め全員が非常勤であ

---

[26] 2010年12月7日デクレNo. 2010-1505第2条（Décret n° 2010-1505 du décembre 2010 relatif aux indemnités susceptibles d'être allouées au président, aux présidents des commissions permanentes et aux personnalités qualifiées du Conseil de normalisation des comptes publics）。同条において、議長等は、アレテ（2010年7月1日アレテ）に示した範囲内で、月額固定の報酬を受け取ると規定している。

[27] 2010年7月1日アレテ第1条（Arrêté du 7 décembre 2010 fixant le montant et les modalités d'attribution des indemnités pouvant être allouées au président, aux présidents des commissions permanentes et aux personnalités qualifiées du Conseil de normalisation des comptes publics）

[28] CNOCP（2012）

[29] 2009年4月29日アレテ第5条において概要を示し、CNOCP内規第5条において詳細を規定している。同内規は、2010年3月1日公会計担当大臣アレテにより承認されている。

る。各委員会に置くべき職権上の委員はアレテにおいて規定されている。各委員会の定員は20人を上限としている（2009年4月29日アレテ第5条）。

中央政府委員会の委員構成は図表14のとおりである。

図表14　中央政府委員会メンバー構成

No.	構成（内規で指定）
1	議長
2	会計検査院長指名の会計検査院司法官　※
3	一般経済及び財政管理局長の代理　※
4	公共財政総局長の代理　※
5	経済政策・資産総局長の代理
6	予算局長の代理　※
7	防衛省の代理
8	施設省の代理
9	社会保障制度担当省の代理
10～12	CNOCP議長が審議会の意見を聞いて指名した政府関連機関の代理（3人）
13、14	公共財政総局長の提案に基づき議長が指名した公務員の会計士（2人）
15～18	CNOCP議長が審議会の意見を聞いて指名した中央政府及び政府関連機関における財政及び会計の専門家（4人）

（出典）CNOCP内規第6条に基づき作成。

2009年4月29日アレテ第5条により、どの委員会にも会計検査院長の代理として会計検査院の司法官、公共財政総局長の代理、予算局長の代理、関連府省を監督する機関の長の代理を含まなければならない（図表14の※印が該当する。）。さらに、地方自治体委員会には、地方財政委員会の委員長の代理を含まなければならない。社会保障制度委員会には、社会保障監査審議会の事務局長の代理を含まなければならない。各委員会の年間開催回数は、中央政府委員会が6回、地方自治体委員会が5回及び社会保障制度委員会が3回である（2011年）[30]。

---

30) CNOCP（2012）

(3) 作業部会（ワーキンググループ）について

　上記審議会、委員会の議事を進めるに当たって、実務を担当しているのが作業部会（ワーキンググループ）である。非公式であるが、必要に応じ官民を問わず専門家を結集する体制となっている[31]。基準の草稿を作成する場合はまず作業部会で起草し、当該草案を委員会、審議会へと上げていき、最終的にCNOCPの意見を公表することとなる[32]。

　論点によっては、CNOCPの作業部会にANCのテクニカルスタッフが関与していることもある[33]。

(4) 事務局スタッフの構成

　事務局長はCNOCP議長が指名する[34]。事務局スタッフのうち、公務員は人事異動で異動してくる。スタッフには、民間会計事務所からの転職者もいる。テクニカルスタッフが11人（公務員が半数、民間会計事務所出身の会計士が半数）及び管理部門職員が3人である。公務員は通常の人事ローテーション（2～3年）で異動している。また、民間からの転職者の任期は3年である。職員は皆公務員として採用されるので、他の公務員と同じ俸給体系に従っている。

7．基準設定方法

　CNOCPの基準設定は、①政府等からの検討依頼を受けてCNOCPが草稿を作成するケース、②政府等自ら草稿を作成し、CNOCPの意見を求めてくるケース及び③CNOCPのボード自らテーマを選定するケースがある。

　CNOCPの議決は多数決により行われ、賛否同数の場合は議長が決定する（2009年4月29日アレテ第3条）。CNOCPの意見は公開する（2008年補正予

---

31) 公会計担当大臣からプラダCNCP議長への諮問において、官民問わずワーキンググループを組織することが要請されていた（Prada（2008）Annexe I）。
32) CNOCPよりヒアリング。
33) ANCよりヒアリング。
34) CNOCP内規第6条

算法115条5項)。ただし、基準の草稿や基準検討の際の反対意見は公開していない。反対意見を主張するメンバーは、アレテ等行政命令を発する省庁に反対意見を知らせることができる。

8．基準設定主体と政府機関等との関係

(1) 政府機関からの独立性担保方法

CNOCPには、基準を設定する権限は付与されていないが、中央政府及び地方自治体が公会計に関するアレテを公表するときは、事前にCNOCPにその草稿について意見を求める必要がある（2009年4月29日アレテ第1条）。CNOCPは政府機関であるため、財務諸表作成者からの独立性を確保する必要がある。この点、CNOCPは、公会計担当大臣の諮問機関であり、他のいかなる機関の指揮命令下にもないため、財務諸表作成者からの独立性は担保されている。なお、現状において、CNOCPの意見に反した規制が新たになされたことはないとのことである[35]。

(2) 基準の法的位置付け

中央政府会計基準に対して、公会計担当大臣署名のアレテにより適用決定が行われている（2004年5月21日アレテ）。

地方自治体会計基準について、地方自治体総局長・公共財政総局長連署のアレテにより適用決定が行われている（コミューン向けのM14について1996年12月27日アレテ、県向けのM52について2003年10月21日アレテ、州向けのM71について2004年8月1日アレテ）[36]。

---

[35] CNOCPよりヒアリング。
[36] 県、州はM52、M72以前は共通のM51（1963年制定）を適用していた。M14、M52、M72とも、その後数次にわたり改正が行われている（改正の都度アレテを出す。）。
    2003年10月21日アレテ：Arrêté du 21 octobre 2003 relatif à l'instruction budgétaire et comptable M. 52 des départements et de leurs établissements publics administratifs
    2004年8月1日アレテ：Arrêté du 1er août 2004 relatif à l'application d'un plan comptable au secteur public local

(3) 企業会計基準設定主体との関係

　公式な関係として、ANCの審議会メンバーがCNOCPの審議会のメンバーである。また、非公式な関係としては、ANCのテクニカルスタッフがCNOCPの作業部会に参加している点が挙げられる[37]。なお、フランスにおいては、公的部門・民間部門に共通する勘定科目体系（Plan Comptable Général）に従う必要がある[38]ため、企業会計基準の改訂が当該勘定科目体系に影響する場合は、公的部門においても検討を行う必要がある。

9. 基準設定主体の必要性と今後の方向性

(1) 設立当時の社会環境等

　基準設定主体設立当時の社会環境、特にLOLF制定に至る経緯を中心に述べる[39]。LOLF制定前の財政法関連法規である1959年予算組織法としての大統領令（オルドナンス）は、議会の審議を一切受けておらず、第5共和制における議会軽視との批判を当初から受けていた。40年間に40近くの法案が提出されたが、LOLF以前の法案はいずれも改正に至ることはなかった。

　LOLF改革のきっかけとなったのは、議会が公共支出の効率性と予算における議会の役割について検討を行ったことに始まる。両院は1999年、議会報告書を提出した。当該報告書を基に、国民議会議員ディディエ・ミゴー（社会党）及び元老院議員アラン・ランベール（保守政党UMP）が中心となってLOLFが制定され、予算改革がなされた（2001年）。

　フランスにおいてこのような予算改革が進んだ背景に、1993年に発効したマーストリヒト条約が挙げられる。EUが成立した条約であるが、本条約において、加盟国において単年度政府財政赤字をGDPの3％に抑えること等が求められた（マーストリヒト条約第5附属議定書）。

---

37) 2008年5月当時のCNCP議長のプラダ氏に対し、公会計担当大臣から公会計基準設定制度について諮問された際にも、事務局レベルで企業会計基準を担当する機関と共通理解の下で作業を進めるための方策を検討することが要請されていた。
38) 中西（2009）
39) LOLF制定に至る状況について、中西（2009）によった。

LOLFにおける予算改革の一環として、中央政府に対する公会計改革が進められ、CNCPの設立（2002年）及びCNOCPへの改組（2008年）が行われた。

(2) 現状認識[40]と今後の方向性

CNOCPは現在、中央政府の会計規則のうち、棚卸資産及び無形資産について、また、概念フレームワークのうち中央政府及び中央政府に支配されている機関に関する記述、年金に対するコミットメントについて、見直しを計画している。地方自治体会計及び社会保障機関の会計についても所要の見直しを計画している[41]。

10. 基準設定主体の国際戦略、企業会計基準設定主体との関係

CNOCPの前身CNCPが中央政府会計基準を設定する際に、IPSASの取り扱いについて検討したものの、当時のIPSASは検討が十分ではないとして独自の公会計基準を開発することとした（ただし、中央政府会計基準の概念フレームワークは、プラン・コンタブル・ジェネラル、IPSASB概念フレームワーク、IASB概念フレームワークを参照して作成されている。）。

CNOCPの設立目的の1つに、IPSASB等の国際機関に対して意見を発信することが挙げられており（2009年4月29日アレテ第1条）、IPSASBがパブリック・コメントを求めている事項について、CNOCPが意見を提出している。ただし、現在、CNOCPとIPSASBの間に正式な関係はない。

---

40) ANC、CNOCPへのヒアリングでは、どちらの担当者も、現状の基準設定方法は機能しているとの意見であった。
41) CNOCP（2013）

図表15 公会計基準設定経緯 概観

(2008年以前)

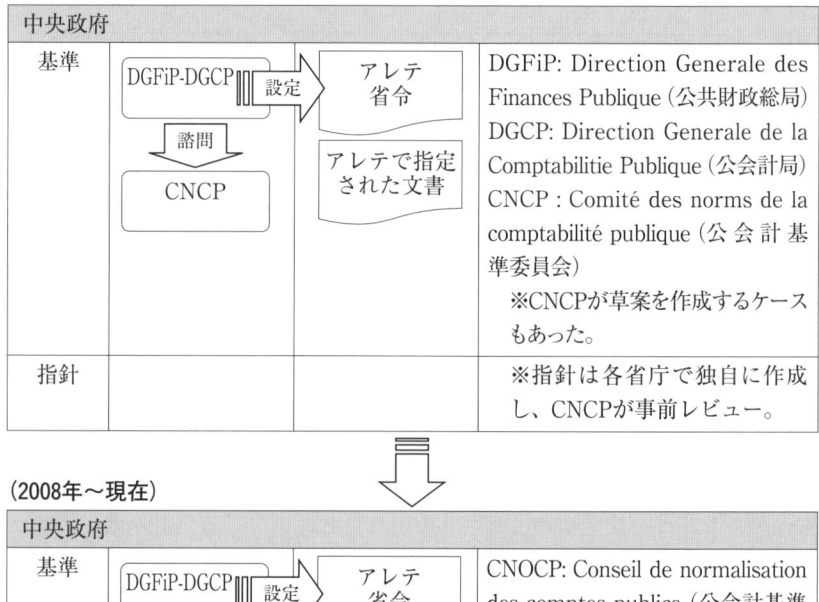

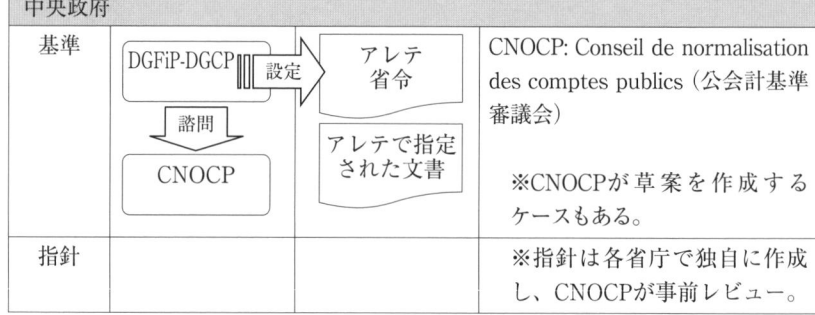

中央政府		
基準	DGFiP-DGCP ⇒設定⇒ アレテ省令 / アレテで指定された文書　↑諮問↓　CNCP	DGFiP: Direction Generale des Finances Publique（公共財政総局） DGCP: Direction Generale de la Comptabilitie Publique（公会計局） CNCP : Comité des norms de la comptabilité publique（公会計基準委員会） ※CNCPが草案を作成するケースもあった。
指針		※指針は各省庁で独自に作成し、CNCPが事前レビュー。

⇩

(2008年～現在)

中央政府		
基準	DGFiP-DGCP ⇒設定⇒ アレテ省令 / アレテで指定された文書　↑諮問↓　CNOCP	CNOCP: Conseil de normalisation des comptes publics（公会計基準審議会） ※CNOCPが草案を作成するケースもある。
指針		※指針は各省庁で独自に作成し、CNOCPが事前レビュー。

Ⅱ　フランス

（2009年以前）

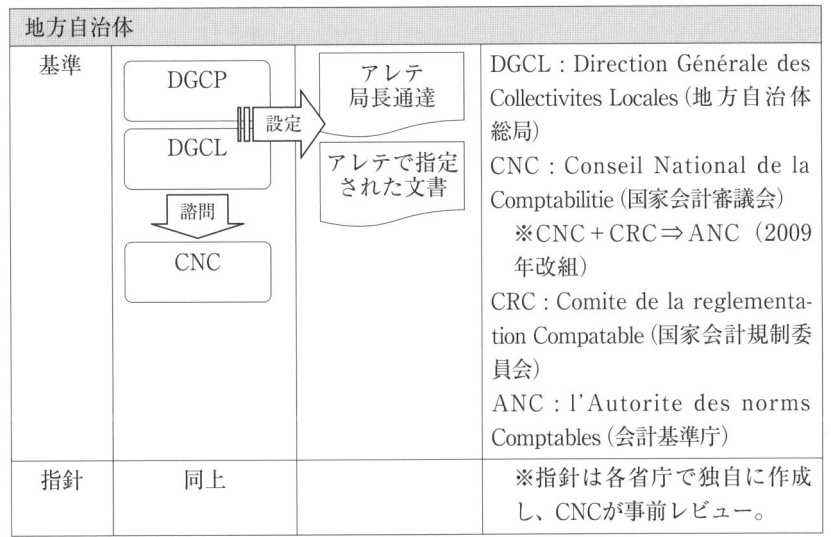

地方自治体				
基準	DGCP DGCL ↓諮問 CNC	設定	アレテ 局長通達 アレテで指定 された文書	DGCL : Direction Générale des Collectivites Locales（地方自治体総局） CNC : Conseil National de la Comptabilitie（国家会計審議会） 　※CNC＋CRC⇒ANC（2009年改組） CRC : Comite de la reglementation Compatable（国家会計規制委員会） ANC : l'Autorite des norms Comptables（会計基準庁）
指針	同上			※指針は各省庁で独自に作成し、CNCが事前レビュー。

⇩

（2009年（権限整理）～現在）

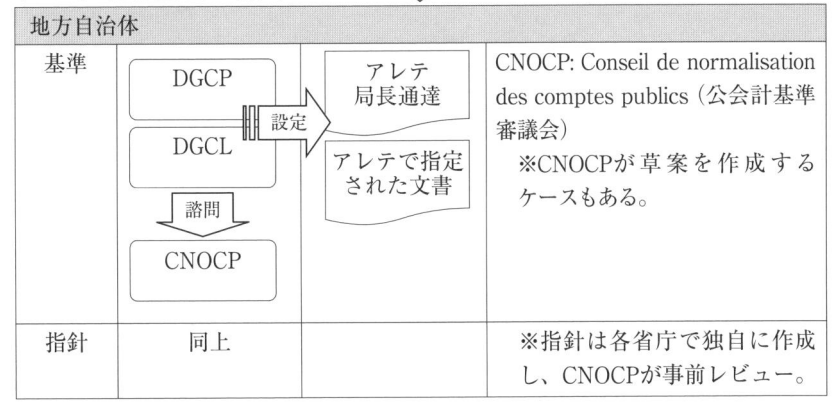

地方自治体				
基準	DGCP DGCL ↓諮問 CNOCP	設定	アレテ 局長通達 アレテで指定 された文書	CNOCP: Conseil de normalisation des comptes publics（公会計基準審議会） 　※CNOCPが草案を作成するケースもある。
指針	同上			※指針は各省庁で独自に作成し、CNOCPが事前レビュー。

図表16　会計基準設定主体及び関係諸団体の概要

①公会計基準審議会（CNOCP: Conseil de normalisation des comptes publics）

No	項目	内容
1	役割	DGCPにおいて作成された草稿について、助言を行う。 ただし、独自に草稿を作成するケースもある。 ※基準設定権限は有しておらず、あくまで諮問機関である。
2	機関の特徴	組織形態：公会計担当大臣の諮問機関 資金調達：国家近代化局（財務経済産業省の部局）予算
3	人員構成	ボードメンバー：19人 テクニカルスタッフ：11人 ※ボードメンバー構成：議長1人、ANCのボードメンバー3人を含む外部専門員9人及び金融検査庁長官等職権上のメンバー9人。
4	その他	CNOCP内部にワーキンググループが組成され、詳細の議論が行われるが、メンバーは公募され、これにより独立性を高めている。

②会計基準庁（ANC: l'Autorité des normes comptables）

No	項目	内容
1	役割	企業会計基準の設定主体である（基準設定権限を有している）。
2	機関の特徴	組織形態：政府機関 資金調達：会計士団体、民間企業及び政府等から資金が拠出されている。
3	人員構成	ボードメンバー：16人 テクニカルスタッフ：12人 ボードの意思決定準備を行う2つの委員会、さらにその下にワーキンググループがある。
4	その他	ANC議長及びその他ボードメンバー2人が企業会計の専門家として、CNOCPボードメンバーを兼務している。 CNOCPに組成されたワーキンググループにANCスタッフが参加することもある。

フランスの地方自治

　明治期に形成された日本の地方自治制度はフランスを参考にしたと言われており、フランスの地方政府制度を見ると、日本との類似性も見て取れる。

(1)三層制の地方自治体

　共和国憲法や地方自治体総合法典で規定されている地方自治体は、レジオン（州）、デパルトマン（県）、コミューン（市町村）から構成される。行政区画としては他に、アロンディスマン（郡）、カントンがある。

　各地方自治体の執行機関の長として、メール（コミューン議会議長）、県知事（県議会議長）、州知事（州議会議長）が各地方議会において選任される。また、国の地方出先機関の長として、州と県に地方長官（プレフェ）が設置されている。州地方長官は州の行財政を、県地方長官は県とコミューンの行財政をそれぞれ監督（事後監督）している。

(2)コミューン

　基礎自治体であり、その起源は中世の都市コミューンや農村司祭の管轄区域（教区（paroisse））にさかのぼる。政府による度重なる合併推進にもかかわらず、その数にはあまり変化が見られない（フランス革命期の38,000程度に対し、2010年現在で36,682）。コミューン当たりの平均人口規模は1,800人弱である。1コミューン当たりの規模が小さいため、我が国の一部事務組合等に類似する「コミューン間広域行政組織（EPCI: Établissement public de coopération intercommunale）」も相当数（16,761）存在する（DGCL（2013））。

(3)デパルトマン

　フランス革命期にフランス全土をほぼ等分（おおよそ5,700平方キロメートル）して96のデパルトマンを創設した。デパルトマン当たりの平均人口規模は61万人である。

　フランス国内に加えて、植民地に由来する海外デパルトマン（DOM: département d'outre-mer）が4つある。

(4)レジオン

　行政区画の名称として古くから使用されてきたが、地方自治体として法律上の根拠が与えられたのは1982年（地方分権法）と3つの中で最も新しい。また、

2003年共和国憲法改正により、憲法上の地方自治体として位置づけられた。平均人口規模は266万人で、最大規模のイル・ド・フランス州が人口1,095万人、最小のコルス州（コルシカ島）が26万人であることから、人口規模でみると我が国の都道府県に近い。

(5)地方自治体における権限配分

「コミューン、県、州及び国への権限配分に関する1983年1月7日法及び同年7月22日法」により、主に以下のとおり権限配分が規定された。

・レジオン
地域開発・国土整備に関する計画、高等学校（リセ）施設の設置・管理、職業教育訓練、文化振興、水資源計画、経済振興、地方自然公園、公共交通、運河・河川港の管理

・デパルトマン
社会福祉、県道整備、中学校施設の設置・管理、漁港・港湾の管理、商工業振興

・コミューン
都市計画、小学校及び幼稚園施設の設置・管理、上下水道、葬儀、墓地、ガス、電気、家庭ごみその他廃棄物の収集、市場、と畜場、戸籍・選挙管理

Ⅲ　アメリカ

公的部門と公会計基準の概況

1．調査対象国の選定理由[1]

　アメリカでは、古くから公会計制度を巡る議論がなされており、現行制度に至るまでの歴史的経緯を考察することが、我が国の公会計基準設定の在り方を検討する上で重要になると推察される[2]。

　また、連邦政府会計基準は政府組織が設定し、州・地方政府会計基準は民間組織が設定しており、基準適用主体の特性と設定主体の在り方との関連性を比較検討する上で参考になると思われる。職業会計士団体が、両基準設定主体をGAAP設定団体として認定するという制度も特殊である。以上の理由により、アメリカを調査対象国とするのが適切であると判断した。

2．公的部門の状況

(1)　公的部門の状況

連邦政府

　アメリカは50の州よりなる連邦制国家であり、伝統的に州政府が比較的強力な自治権を有している一方、連邦政府はアメリカ合衆国憲法に定める限ら

---

[1] 2012年7月24日、26日にアメリカで現地調査を行い、以下の機関・役職者に対しインタビューを実施した。
　・FASAB（連邦会計基準諮問審議会）：事務局長（Executive Director）
　・GASB（政府会計基準審議会）主任研究員（Technical Director）
[2] 古市（2001）

れた権限しか有していない(アメリカ合衆国憲法修正第10条)。

　連邦議会は上院(Senate)と下院(House of Representatives)の二院制で構成されており、上院は各州2議席ずつの計100議席である。下院は各州の人口を考慮して定められ、計435議席である。いずれも選挙で選出された議員により構成されている。共和党と民主党による二大政党制が確立している。

　アメリカ合衆国大統領は直接、国民からの選挙により選ばれる。なお、形式的には間接選挙の方式が採られている。

州・地方政府

　各州がそれぞれの州憲法を制定し比較的強力な自治権を有している。ほぼ全ての州が二院制の州議会を有する[3]が、その会期や議員定数等は州により異なっている。州知事は公選により選出されている。

　地方政府については、全国画一的なパターンにはなっておらず、地域住民が自発的に創設する地方自治体(市＝city、町＝town、村＝village等)と州政府により組織される準地方自治体(郡＝county、タウンシップ＝township、特別目的行政区＝special district等)が州により様々な形態で存在する。これらのうち、郡はアメリカ合衆国のほとんど全域において設置されているが、それ以外の自治体はそれらに属さない地域も多い。種類の異なる複数の地方組織が同一地域に重畳して存在するのが特徴である[4]。

(2) **財政制度**

　課税権限は、合衆国憲法により制限されているものを除いて州政府に留保されており、各州政府が連邦政府から自立した財政運営を行っている。補助金・交付金など連邦政府から州政府への移転財源は州歳入合計の2割弱である。

　一方、州政府から地方政府への移転財源は州歳出合計の3割程度である。

---

3) ネブラスカ州のみ一院制州議会である。
4) 山下(2010)

また、各地方政府の歳入のうち、州等からの移転財源の占める割合は、カウンティで3分の1、自治体で5分の1、タウンで4分の1及び学校区で2分の1程度である[5]。

3. 公会計基準の状況

(1) 基準設定状況

連邦政府

連邦政府会計基準については、連邦法上、連邦会計検査院（GAO: Government Accountability Office）、行政管理予算局（OMB: Office of Management and Budget）及び財務省（DOT: Department of the Treasury）の三者が設定権限を有する[6]が、実質的には三者が共同で設立した連邦会計基準諮問審議会（FASAB: Federal Accounting Standards Advisory Board）が会計基準を作成している。また、FASABの諮問機関として会計監査政策委員会（AAPC: Accounting and Auditing Policy Committee）が活動している。

州・地方政府

州・地方政府については、政府会計基準審議会（GASB: Governmental Accounting Standards Board）が会計基準を作成・公表している。政府会計基準諮問評議会（GASAC: Governmental Accounting Standards Advisory Council）がGASBの諮問に応じている。

(2) 適用状況

連邦政府

1990年「首席財務官法」（Chief Financial Officer's Act）により、「会計財務報告原則・基準・要求事項」（applicable accounting and financial

---

5) 山下（2010）
6) GAOの権限・義務については、31 USC 3511条(a)に、OMBの権限・義務については、31 USC 3515条(b)に、DOTの権限については、31 USC 3511条(a)、3513条(b)等に規定されている。

reporting principles, standards and requirements）に合致した様式・内容の財務諸表を作成することが義務付けられている[7]。ただし、年間予算総額が2,500万ドルを超えない連邦執行機関については、2002年「納税説明責任法」（Accountability for Tax Dollars Act）より適用の対象外とされている[8]。OMBの行政命令において、執行機関がGAAP[9]を適用し、監査人にも監査のよりどころとすることを求めている[10]。

州・地方政府

GASB基準の適用を強制する全国的な法規制等は存在しないものの、州政府については全ての州に導入されている[11]。一方、地方政府についてはどの程度導入されているかについて、確実なデータは存在しない[12]。2008年のGASBの調査によれば、およそ70％程度の地方政府に導入されていると試算されている[13]。地方政府は全米に約9万あるが、うち5万3千程度が地方債を発行しており、GAAPに準拠した会計基準による財務諸表開示ニーズは高いと考えられている[14]。

州及び地方政府において、既存実務の移行に際して、特に統一的な経過措置が設けられることはなかった（基準ごとに経過措置を設けている。）。GASBはAICPAの支援を得つつ、移行支援のための研修や講演を実施した[15]。

---

7) 31 USC 3511条(a)及び同法3515条(a)(1)。同法の適用対象となる政府機関は現在24機関である。1990年首席財務官法制定時は、10機関に対して試行的に導入された。のち、1994年に全面移行した（1994年連邦財務管理法）。移行を支援するため、1996年から1999年にかけて、FASABはDOTと共同して研修等を実施した（FASABよりヒアリング）。
8) 31 USC 3515条(e)(1)(A)
9) OMB Circular A134の5. a.において、FASABの基準（SFFAS）がGAAPであると指定するとともに、同基準を連邦機関に対し強制している。
10) なお、現在の基準設定主体であるFASABは、1999年以降、アメリカ公認会計士協会（AICPA: American Institute of Certified Public Accountants）によってGAAP設定団体として認定されている。
11) GASBよりヒアリング。
12) 州政府の地方政府に対する関与・モニタリング度合いは州によってまちまちであり、GASB基準の適用を強制するかどうかも各州政府の判断に委ねられている。
13) GASB（2008）
14) GASBよりヒアリング。
15) GASBよりヒアリング。

(3) 監査の状況
連邦政府

　連邦政府の作成する財務諸表は、1990年「首席財務官法」（Chief Financial Officer's Act）により、「一般に公正妥当と認められた政府監査の基準（GAGAS: applicable generally accepted government auditing standards）」に従った監査を受けることが義務付けられている[16]。連邦連結財務諸表の監査についてはGAOによって行われ、それ以外の機関については監察総監（Inspector General）又は組織の長の定める独立監査人によって行われる。多くの連邦政府機関は監察総監及びスタッフを置いているが、彼らは主に業務監査に従事している。会計監査は民間会計事務所と契約することにより行われていることが多い。監査報告書の提出期限は、財務諸表の議会提出時までである[17]。

州・地方政府

　州・地方政府の作成する財務諸表にかかる統一的な法規制としては、1984年「単一監査法」（Single Audit Act）によって、一会計年度中に50万ドル以上の連邦政府援助を受領した政府はOMB告示A-133号（OMB Circular A-133）に従った監査を受ける義務があるものと定められている[18]。監査は独立監査人により、GAGASに準拠して行われる。単一監査法の適用要件に当てはまらない政府についての財務諸表の提出期限、提出先及び監査の方法等は州によりまちまちである（提出期限のないところもある。）。地方政府に対して厳格な監視を行っている州もあるが、大部分の州ではそれほどの規制はないと思われる。州自身については州監査人（State Auditor）が全州に存在するが、民間会計事務所と監査契約を締結し、監査実務を委託している州も存在する[19]。

---

[16] 31 USC 3521条(e)
[17] OMBが設けている期限は、各機関は各年度11月15日までに財務諸表を発行しなければならず（期末日：9月30日から45日間）、連邦政府全体の連結財務諸表は12月15日までに発行しなければならないというものである。
[18] OMB Circular A-133; Subpart B – Audits; §＿＿.200 – Audit requirements
[19] GASBよりヒアリング。

公会計基準設定の在り方

4．基準設定主体の基礎情報

> 　連邦政府と州・地方政府それぞれについて、公会計基準設定主体が設置されている。連邦政府に対しては、連邦法上、GAO、OMB及びDOTが会計基準設定権限を持つが、実質的には三者[20]が共同で設立したFASABが会計基準を作成している。
> 　州・地方政府に対しては、GASBが会計基準を作成・公表している。

(1) 設立の経緯と歴史的変遷
連邦政府（FASAB：連邦会計基準諮問審議会）

　連邦政府に適用される会計基準は、GAO、OMB及びDOTの三者が共同で設立した連邦会計基準諮問審議会（FASAB: Federal Accounting Standards Advisory Board）が作成しているが、そこに至る歴史的経緯は以下のとおりである[21]。

①FASAB設立（1990年）以前の状況

　1921年予算・会計法（Budget and Accounting Act）により連邦会計検査院（GAO: Government Accountability Office 2004年7月改称までは、General Accounting Office）が設立されて以来、連邦執行機関に係る会計基準の設定権限・義務は会計検査院長に付与されていた。GAOにより公表された基準の代表的なものとして、「連邦政府機関が作成する指針に関するGAOの基本方針及びこれに基づく手続についてのマニュアル；タイトル2

---

20) GAO、OMB及びDOTの三者は覚書等ではSponsors（支援機関）とされている。
21) この節の記述は、古市（2001）による。

-会計」(GAO Policy and Procedures Manual for Guidance of Federal Agencies ; Title 2 - Accounting) がある。ただし、GAOの作成した基準を遵守する連邦法上の義務はなかった。

さらに、1950年予算・会計手続法（Budget and Accounting Procedures Act）では、各連邦執行機関の長に、所管機関の財務報告及び内部統制システムを独自に構築する権限・義務が付与された。このため、実際には、ほとんどのGAO基準が多数の連邦執行機関によって無視されるか、部分的にしか導入されないといった事態が生じていた。

②FASAB設立以降の状況

1980年代末の深刻な連邦財政危機が発端となって、GAO自身をはじめとして多方面から、GAO基準を議会や連邦諸機関が事実上無視していることに対する批判が高まった。

例えば、GAOは、1985年2月に公表した報告書「政府の原価管理」において、連邦政府の財務管理の問題点について、①予実分析・監視への意識が欠如していること、②基金（我が国における「特別会計」と類似）管理への着目が予算全体の俯瞰を困難にしていること及び③資産・原価・負債の開示が不十分であること等を指摘した。

また、AICPAは1989年9月に「討議用メモランダム：連邦財務管理―課題と対策」（Discussion Memorandum : Federal Financial Management - Issues and Solutions）を公表し、GAOの会計基準の不遵守が生じた原因として、①基準設定におけるデュー・プロセスが欠如していること及び②既に公表された基準の中には、連邦政府特有の目的や性質、環境等を無視したものがあること等を指摘した。こうした各界の要請を受け、1990年「首席財務官法」が制定され、同法により一定の連邦執行機関に対してGAGASに従った監査を受けることが義務付けられることとなった。

1990年10月、GAO、OMB及びDOT三者により、連邦政府会計基準の実質的な設定主体として、FASABが設立された。会計基準設定権限を有する

GAO、OMB及びDOT三者合同の諮問機関としたのは、立法府の附属機関たるGAOと行政府たるOMB及びDOTの相互牽制機能を働かせるための工夫と考えられる。

1991年～98年はFASABの作成する会計基準は、AICPAが監査人の従うべき職業専門家の行動規範第203条において、「その他の包括的会計基礎」ととらえられていた[22]。1999年にAICPAによりFASABが連邦報告主体にとっての唯一かつ公式なGAAP設定団体として認定された。

州・地方政府（政府会計基準審議会：GASB）

①GASB設立（1984年）以前の状況

州・地方政府に係る会計基準は、全米全国都市会計委員会（NCMA：National Committee on Municipal Accounting 1934～41年）、全米政府会計委員会（NCGA: National Committee on Governmental Accounting 1948～74年）及び全米政府会計評議会（新NCGA: National Council on Governmental Accounting、1974～84年）によって設定されていた。これらの委員会・評議会は、いずれも都市財務官協会（現在の政府財務官協会）の支援下に設立された任意の研究協議組織であり、全ての州・地方政府に適用可能な会計原則の整備を意図していた。新NCGAは21人の専門家から構成される常設の組織であり、専門のスタッフも置かれていた[23]。

NCGAが1968年に公表した「政府会計、監査及び財務報告」（Governmental Accounting, Auditing, and Financial Reporting）や、新NCGAが1979年に公表した基準第1号「政府会計及び財務報告原則」（Statement 1 "Governmental Accounting and Financial Reporting Principles"）は、AICPAにより州・地方政府の財務報告に係るGAAPとして正式に承認されていた。

---

22) 監査人は、財務諸表が「その他の包括的会計基礎」に準拠している旨の監査報告を行うことはできるが、「GAAPに準拠している」との意見表明はできない。また、監査報告書において、当該会計基礎について明示しなければならない。

23) ただし、新NCGAは、メンバーが非常勤であり、スタッフの支援も限定的であるなど、基準設定主体として必ずしも十分なリソースを有するものではなかった。このこともGASB設立に至った要因の1つである（OECD（2002））。

②GASB設立及び設立以降の状況

　1970年代後半に多発した大都市における財政状況の悪化等を背景に、州・地方政府の財務管理情報について透明性の改善を求める声が高まり、的確かつ透明性の高い財務情報を提供し得る会計基準を設定するためには、新NCGAでは組織の独立性が曖昧な点や、基準設定手続（デュー・プロセス）が不透明であるなどの点で問題があることが指摘されるようになった。

　この間、企業会計については、1973年以降、資金及び人事の両面において独立した組織である財務会計基準審議会（FASB: Financial Accounting Standards Board）によって会計基準が設定されていたが、FASBは、上述の動きを受けて、1977年、営利企業以外の組織体の会計問題を検討テーマとして掲げ、研究を開始した[24]。

　しかし、FASBの会計基準を非営利組織体のみならず、州・地方政府まで適用するかどうかについて、政府会計と企業会計とは目的が異なる上、それぞれに固有の問題を考慮する必要がある等の理由から、FASBのような会計基準の設定主体及び設定手続を設けるとしても、FASBとは別の機関や手続を設けたほうが良いとの意見もあり、議論が紛糾した[25]。最終的には、1982年11月、FASBの上部組織である財務会計財団（FAF：Financial Accounting Foundation）の傘下に、州・地方政府に係る会計基準の設定を専門に担う機関を新たに設ける方針が、関係者の間で合意がなされた[26]。これを受け、1984年にGASBが設立され、州・地方政府に係る会計基準の設定作業が新NCGAからGASBに完全に移譲された。また、GASBの設立と同時に、GASBとFASBの管轄につき「組織に関する合意」（Structural Agreement）がなされ、州・地方政府の活動や取引に係る会計基準につい

---

[24] FASBは、1980年12月にSFAC（財務会計概念書）第4号「非営利組織体の財務報告の諸目的」（Objective of Financial Reporting by Non-profit business Organization）を公表している。
[25] 例えば、1979年、連邦議会に州、地方政府会計及び財務報告基準法案が提出された。本法案は連邦の関与の下、州及び地方政府会計基準の設定を行うことを提案していたが、関係者の反対により立法化は頓挫した（Chan（1985））。
[26] 議論は、連邦関係者（会計検査院、SEC等）、州関係者、会計団体（AICPA等）から組織されるGASB組織委員会（GASBOC: GASB Organization Committee）において行われた。

てはGASBが設定し、それ以外についてはFASBが担当することが明確にされた[27]。

GASBは、1986年にAICPAによって、GAAP設定団体として認定されている[28]。

(2) 役割と権限

連邦政府

連邦政府の連邦法上の基準設定主体は、GAO、OMB及びDOTの三者であり、いずれも政府機関である。また、実質的な基準設定主体であるFASABは、三者が合同で設置した諮問機関であり、同じく政府機関である。FASABは、連邦政府が準拠すべき会計基準の実質的な設定主体として言及されている（1996年「連邦財務管理改善法」（Federal Financial Management Improvement Act）802条(6)）。

FASABの作成する基準は、GAO、OMB及びDOTの三者がレビュー・承認することによって、基準としての強制力が付与される。ただし、FASABの基準案公表後90日以内に三者から反対がなければ自動的に基準として成立するので、実質的にはFASABが会計基準及び解釈指針を作成している[29]。

FASABは、AICPAによって連邦報告主体にとってのGAAP設定団体として認定されている（1999年）。

州・地方政府

州・地方政府の基準設定主体はGASBであり、民間非営利法人たるFAFの傘下組織である。アメリカは連邦国家であるため、州・地方政府に対して

[27) 特別な活動又は取引に関するGASBの基準がない場合や、病院や大学のように同一業種間で政府保有のものと民間保有のものとが混在するような場合については、州・地方政府のこうした主体にかかる会計基準をGASBが別途作成しない限り、基本的にはFASBの基準が指標になる。GASBとFASBのいずれの管轄に属するか明らかでない場合は、FAFの理事会が決定することとされた。
28) AICPA「職業専門家の行動規範 ルール203」
29) 会計基準及び解釈指針のほかに、OMBの公表する告示（circular）やDOTの公表するガイダンスも行政命令として連邦機関を拘束するが、GAAPとはされていない。

GASB基準の適用を画一的に求める連邦法は存在しないが、全ての州において州法で、GASB基準による財務諸表の作成が求められているなど、広く適用されている。また、GASBもAICPAによりGAAP設定団体として認定されている（1986年）。

(3) 活動監視

FASABは、設立主体であるGAO、OMB及びDOT三者の監視・監督を受ける。GASBは、上部組織のFAFによる監視を受けている。

5．資金調達

連邦政府（FASAB）

GAO、OMB及びDOTが、関与度合い[30]に応じて、FASABに運営資金を拠出している。2012年度の予算額は約1.9百万ドルである[31]。いずれも国家予算から支出されるので、FASABも国家予算により運営されているといえる。

州・地方政府（GASB）

一方、GASBは、上部組織であるFAFからの予算措置や州・地方政府からの寄付、また、2012年度以降は金融取引業規制機構（FINRA: Financial Industry Regulatory Authority）からの拠出資金等により運営されている。2012年度収入予算額約8.2百万ドル、支出予算額8.5百万ドルである[32]。

2011年以前は、州・地方政府から比較的少額の寄付を受けていた[33]。ただし、その金額ではGASBの活動を賄うには不十分であると考えられたことから、2012年度以降、FINRAからの資金拠出を受けることになった（「ウォール街改革及び消費者保護法（通称：ドッドフランク法）第978条」）。FINRAは会員企業たる証券会社からの会費徴収により、GASBへの提供資金を捻出

---

30) FASABの基準案に対して拒否権のないDOTの拠出割合がGAO及びOMBより数％少ないとのこと（FASABよりヒアリング）。
31) FASAB（2012）
32) FAF（2011）
33) FAF自体は、主に資金運用や出版事業により収入を得ている（FAF（2012））。

している。

6．人員構成

(1) FASAB、GASBボードの構成[34]

FASAB

　FASABのボードメンバーのうち、連邦政府のメンバーは支援機関（GAO、OMB及びDOT）それぞれの長により選任される。連邦政府以外のメンバー（議長を含む）は、支援機関が共同で選任するが、この際、FASAB議長の招集した指名委員会（Appointment Panel）の推薦を考慮しなければならないとされている[35]。議長は常に連邦政府以外のメンバーから選任される。

　議長を含む全員が非常勤である。FASAB議長は週20時間分まで有給であり、その他の非連邦政府メンバーは年24日まで有給、連邦政府メンバーは無給である。時給の水準は役員報酬表（executive compensation schedule）で規定されている[36]。

　連邦政府メンバーは支援機関が指名するため、特定の任期がない。議長を含む非連邦政府委員の任期は5年で、1度のみ再任可能である（最長の任期は10年）。

　委員の独立性については、外部からの脅威がなかったか、倫理規範を遵守しているか[37]等、毎年確認を求めている。なお、連邦政府所属者でない者は、特別政府職員（special government employees）としての地位を有する。メンバー構成は図表17のとおりである。現在は、公務員委員4人及び民間専門家委員（図表17※印）5人から構成される。

---

34) 本節は主にFASAB、GASBからのヒアリングによっている。
35) 支援機関（GAO、OMB及びDOT）からの独立性を確保するために、非連邦政府メンバーの選任については、指名委員会の推薦が必須となっている。これは、AICPAがFASABをGAAP設定団体として認定する際（1999年）に要求した条件の1つである。
36) 年24日という制限は、会議の年間開催回数（6回）を考慮している。
37) これら確認項目は、AICPAがGAAP設定団体に要求している5つの規準（95ページ（参考）において詳述）である。

Ⅲ　アメリカ

図表17　FASAB　ボードメンバー構成

構成（出身母体）	人数
※議長（元GASB議長）	1人
GAO	1人
OMB	1人
DOT	1人
※学識経験者	1人
州・地方政府監査人	1人
※民間会計事務所の退職者[38]	2人
※小規模民間会計事務所	1人
合　　　計	9人

（出典）FASABウェブサイト http://www.fasab.gov/about/board-members/に基づき作成。

GASB

　ボードメンバーは、上部組織であるFAFによって選任される。任命に当たりメンバー構成等の定めはないが、政府関係者、市場関係者、学識経験者及び会計専門家のバランスを考慮して選任されている。議長のみ常勤である。非常勤委員に対しては均一に報酬が支払われている。委員任期は5年で、1度のみ再任可能である（最長の任期は10年）。委員の独立性確保の仕組みは特に設けられていない。公務員委員3人及び民間専門家委員（図表18※印）4人から構成されている。

---

38) FASABによれば、民間会計事務所からFASABボードメンバーを選任する場合、独立性の観点から、退職者を選任することが通例である。現在の民間会計事務所委員は現職のパートナーであるが、政府機関をクライアントに持たない小規模会計事務所に所属している。

図表18　GASB　ボードメンバー構成

構成（出身母体）	人数
※議長（元　州・地方政府監査人）	1人
※民間会計事務所	2人
※その他の民間会社	1人
地方自治関係（州政府・地方政府職員）	3人
合　　　計	7人

（出典）GASBウェブサイト http://www.gasb.org/jsp/GASB/Page/GASBSectionPage&cid=1176156726930に基づき作成。

(2)　委員会の構成（FASAB）

　FASABは常設委員会として、会計監査政策委員会（AAPC: Accounting and Auditing Policy Committee）を設置している。AAPCは、連邦の会計及び監査について調査し、指針を発行している。GASBは委員会を持たないため、以下の記述はFASABのAAPCを対象とする。

　連邦政府からのメンバーは、各所属機関の長等から選任され、自由枠のメンバーは運営委員会により選任される。AAPCメンバーはFASABスタッフからも1人出ており、FASAB議長が選任する[39]。

　AAPCのメンバー構成は図表19のとおりである。FASABスタッフ以外は非常勤である。なお、FASABスタッフに投票権はない。メンバーの任期は3年であり、1回のみ再任可能である（最長6年任期）。メンバーは全員連邦政府公務員であり、AAPCメンバーとしての追加報酬は支払われていない[40]。

---

39) Charter of AAPC（AAPC設立趣意書）より。
40) AAPCウェブサイト http://www.fasab.gov/about/aapc/about/（最終閲覧日：2013年5月7日）より。

図表19　AAPCメンバー構成

構成（出資母体）	人数
省庁等財務担当者	1人（3人以内）
監察総監	3人
GAO職員	1人
OMB職員	1人
DOT職員	1人
その他	1人
FASABスタッフ	1人
合　　計	9人（最大11人）

(出典)　AAPCウェブサイト http://www.fasab.gov/about/aapc/about/roster/に基づき作成。

(3)　タスクフォースの構成

FASAB

　FASAB議長がタスクフォースメンバーを任命する。非常勤・無報酬であり、任期は各タスクフォースのプロジェクト期間に一致する[41]。

GASB

　GASB議長が他のメンバー、主任研究員、GASAC議長と相談の上で選任する。またタスクフォースのほかに、基準に直接関係しない指針等を作成するためのプロジェクト組織（諮問委員会）がある[42]。タスクフォース、諮問委員会のいずれも永続の機関ではなく、プロジェクトが終了すれば解散する。

(4)　事務局スタッフの構成

FASAB

　事務局長がスタッフの採用権限を有しており、運営委員会の諮問を得てスタッフを任命する[43]（運営委員会は、ボードメンバーのうち、議長及び支援

---

41) FASABよりヒアリング。
42) GASBよりヒアリング。
43) 「FASAB手続規則」より。

機関（GAO、OMB及びDOT）から1人ずつの計4人で構成されている。）。スタッフは政府出身者と民間出身者のバランスを考慮して任命される。常勤であって給与はGAOの基準に従い支給され、年俸約15万ドルである[44]。スタッフ構成は図表20のとおりである。

図表20　FASAB事務局構成

構成	人数
事務局長	1人
テクニカルスタッフ（CPA）	4人
事務職員	2人
合　　計	7人

（出典）FASABウェブサイトhttp://www.fasab.gov/about/our-staff/に基づき作成。

GASB

議長がスタッフの採用権限を有しており、FAFの方針に従ってスタッフを選任する[45]。スタッフは任期の定めのない雇用の者と短期雇用の者がいる。前者は9人で、GASBにおいてシニアマネジャーや研究員等を務める。後者は10人で、最長1年間低報酬で雇用される大学院生[46]と、他組織からの出向者からなる。全員常勤[47]であり、給与はFAFの基準に従って支給されている。スタッフ構成は図表21のとおりである。

図表21　GASB事務局構成

構成	人数
テクニカルスタッフ	19人
事務職員	4人
合　　計	23人

（出典）FAF（2012）に基づき作成。

---

44) FASABよりヒアリング。
45) 「GASB手続規則」より。
46) 大学院生テクニカルアシスタント（PTA: Postgraduate Technical Assistant）。大学院生のインターン制度である。
47) GASBよりヒアリング。

7．基準設定方法

(1) 基準設定テーマの選定方法

　FASABでは、事務局長と相談の上、ボードが選定する。一方、GASBでは、ボード、議長とGASACで相談の上、GASB議長が決定する[48]。

(2) 基準設定のデュー・プロセス

FASAB[49]

　①会計上の論点及びアジェンダ決定

　②予備審査（Preliminary deliberations）

　③開始文書（initial documents、論点資料及び／又は討議メモ）の作成

　④③の文書公開、公聴会の実施、コメント検討

　⑤ED、コメント検討の作成[50]

　⑥3分の2以上のボードメンバーの賛成により基準・概念書案を支援機関の長に送付

　⑦支援機関の承認後、GAO及びOMBが共同で公表（OMB長官が署名）し、連邦行政命令集に掲載される。

　基準に対する反対意見は基準書に載せなければならない。公表版の基準書・議事録には反対・棄権したメンバーの名前を載せなければならない。GAAP設定団体に認定しているAICPAからの要請に対応して、FASABは、基準設定の透明性を高める取り組みを行っている。すなわち、FASABで承認された概念書・基準の草案はGAO長官（会計検査院長）、OMB長官及び財務長官に送付し、90日以内にいずれからも反対意見がなかった場合は概念書・基準として成立する（MOU第4章）。また、メンバーに対し、独立性、倫理規則の

---

48) GASACはGASBの諮問機関として設置されている機関である。
49) 「FASAB手続規則」より。
50) コメント募集期間は通常60日間であるが、30日間まで短縮できる。開始文書についても同様である。

遵守、不当な影響の有無について、年次確認を行っている（2010年度から）[51]。
GASB[52]
　①外部専門家による諮問タスクフォースを組成
　②論点に関する既存文献等の調査
　③討議資料[53]の公開（コメントを求める。）
　④公開草案の公表、コメントの要請[54]
　⑤公聴会の実施
　⑥4人以上のボードメンバーの賛成により基準成立
　反対意見とその根拠は結論の背景に記載する。なお、個人又は組織がGASBに既存の基準・指針等の見直しを要請できる制度がある（手続規則Ⅳ.H.6.）。

8．基準設定主体と政府機関等との関係

(1) 独立性担保方法

　連邦法上、GAO、OMB及びDOTの三者に会計基準設定権限が付与されている（実質的には三者が共同で設立したFASABが会計基準及び解釈指針を作成している。）。

　FASABの独立性を担保するため、ボードメンバーの過半数（9人中6人）を連邦政府以外のメンバーから任命するほか、FASABの作成した基準は上記三者それぞれがレビュー・承認することで相互牽制機能を働かせている。

　一方、GASBの上部組織であるFAFは、資金運用や出版事業といった自主財源を持ち、資金・人事両面で独立した立場にある非営利法人である。GASBのボードメンバーをFAFが指名する他、独立した組織であるFAFがGASBの監視を行うことによって独立性を担保している。

---

51) FASAB (2012)
52)「GASB手続規則」より。
53) 討議資料には、①討議メモ、②コメント招請（ITC）及び③予備的見解（PV）がある。①、②はスタッフ文書であり、③はボード文書である（「GASB手続規則」VFより）。
54) コメント募集期間は通常60日間であるが、ボードの承認により30日間まで短縮できる。

(2) 基準の法的位置付け

　FASABの作成した会計基準はOMB、GAO、DOTの三者により合意し、OMB長官が署名して、連邦行政命令集に登録することにより公表・強制力を有する。FASAB会計基準（SFFAS）は、OMBの行政命令（OMB Circular）A-134によりGAAPとして認定されるとともに連邦機関及びその監査人が準拠すべき会計基準として強制力を付与される。

　GASBの作成する基準を州・地方政府に強制適用させる全国的な法規制は存在しないが、州によっては州法により同基準の強制適用を指示しており、GASB基準が広く適用されているのが現状である。なお、証券取引委員会（SEC: Securities and Exchange Commission）の1934年取引所法規則15c 2-12で、州・地方債の引受機関に対して「州・地方債の発行者（州・地方政府）が、発行時の開示とその後の継続開示を行うこと」を義務付けることにより、間接的に州・地方政府がGASB基準を採用するように促している[55]。

(3) その他政府機関との関係

　FASABの支援機関以外の政府機関も、論点の識別、タスクフォースへの参加、コメント等に関与する。また、FASABスタッフは、省庁や各機関からの技術面での質問に答えている[56]。

　GASBは、GASACのメンバーに政府機関出身者を受け入れている[57]。

9. 基準設定主体の必要性

(1) 設立当時の社会環境等

連邦政府

　1990年以前は、連邦政府会計基準はGAOにより作成されていたが、実際には、ほとんどのGAO基準が多数の連邦執行機関によって無視されるか、

---

55) 関口他（2010）
56) FASABよりヒアリング。
57) GASBよりヒアリング。

部分的にしか導入されていなかった。1980年代末の深刻な連邦財政危機が発端となって、AICPA、政府会計士協会（AGA: Association of Government Accountants[58]）等多方面から、GAO基準を議会や連邦諸機関が事実上無視していることに対する批判が高まった[59]。

こうした各界の要請を受け、1990年、首席財務官法が制定され、同法により一定の連邦執行機関に対して「一般に公正妥当と認められる政府監査の基準」に従った監査を受けることが義務付けられることとなった。

州・地方政府

一方、州・地方政府では、1970年代後半に多発した大都市における財政状況の悪化[60]等を背景に、財務管理情報について透明性の改善を求める声が高まった。当時の基準設定を担当していた新NCGAでは、的確かつ透明性の高い財務情報を提供し得る会計基準を設定するには不十分であることが指摘された。

基準設定主体とその機能に関する様々な議論を経て、最終的には、FAFの下にGASBを設置することとなったが、設置に際し、当時のAICPA会長が重要な役割を果たした[61]。

(2) 現状認識と今後の方向性

連邦政府

財務諸表作成者と監査人が同一の土俵で議論する土台ができたという点が改善点として挙げられる。一方、今後の課題として、現行FASAB基準が、

---

58) 政府会計士協会（AGA）は、1950年に設立された政府部門の会計専門家団体であり、政府会計についての調査・研究及び実務サポート等を実施している。会員数は約16,000人であり、地方政府財務責任者、州監査人、連邦首席財務官及び学者等から構成されている。
59) FASABよりヒアリング。
60) 例えば、ニューヨーク市は1975年、金融機関がニューヨーク市債の引き受けを拒否したことから、連邦破産法第9章（地方政府の債務調整）に基づく破産の危機を迎えた。同市は、連邦による短期貸付とニューヨーク州による財政介入により再建がなされた（自治体国際化協会（1993））。
61) GASBよりヒアリング。AICPAのロビーイングも奏功し、GASB設立が認められたとのことである。

内部意思決定目的には使いづらい、という意見への対応が挙げられる[62]。
州・地方政府
　GASB設置により、州・地方政府の財務諸表の作成目的に沿った会計基準を導入することが可能となった。一方、問題点としては、政府を含めた非営利部門の会計について、FASBが設定する非営利組織の会計基準とGASB基準の2つの会計基準が併存することになってしまったことが挙げられる[63]。

　近年の金融危機により、地方債市場において州・地方政府の開示と透明性が求められている。GASBは高品質な基準を公表することで、それに貢献できると考えている[64]。

　現状は、FASAB及びGASBがそれぞれ独自に会計基準を設定しており、両者を統合しようとする動きは見られない。これは、アメリカでは伝統的に州政府の独立性が強く、連邦政府が憲法上、州を直接規制する権限を有していないため、連邦が会計基準を設定し、州・地方政府に強制することができないという政治的問題があるほか、両政府は規模や予算・資金調達や基金の有無も異なっているからである[65]。

10．基準設定主体の国際戦略等

FASAB
　FASABでは、事務局長がIPSASBの概念フレームワーク・プロジェクトのアドバイザリーパネルのメンバーを務めている。また、GAOは最高会計検査機関国際組織（INTOSAI）を通じて正式にIPSASBの活動に関与している[66]。

---

62) FASABよりヒアリング。
63) GASBよりヒアリング。
64) GASB議長の議会証言（2012年3月28日）より。
65) FASAB、GASBよりヒアリング。
66) FASABよりヒアリング。GAO指名のFASABボードメンバーがINTOSAI指名のIPSASBのオブザーバーを務めている。

FASABは、他国の設定主体と頻繁にコミュニケーションを取っているが、特にカナダやイギリスとの関係が深い。また、経済協力開発機構（OECD）での接触を通じて関心分野の定期的な調査を行っている。

GASB

　主要国基準設定主体と連携を取っており、特にカナダ勅許会計士協会との関係が強い[67]。GASBは、GASBの基準をIPSASに調和化させることが適切である場合は調和化させることとしたため[68]、IPSASBのプロジェクトにスタッフを派遣するなど密接な協力を行っている。また、主任研究員は2012年12月末まで、IPSASBボードメンバー（副議長）を務めていた。なお、FASABとGASB間のコミュニケーションも密接に行われており、1年から2年に1回の頻度で会議も行われている[69]。さらにFASABの現議長はGASB前議長である。

　企業会計基準設定主体たるFASBに対しては、FASABは関心を有している程度[70]であり、直接の関係はない。また、GASBはFASBと上部組織（FAF）を同じくしており、共にFAFから資金援助を受け、また共にFAFの指導・監督に服するという関係を有する。ただし、両組織の予算やスタッフは独立しており、プロジェクト遂行上での直接的な協力関係は存在していない[71]。

　FASAB、GASBともIFRS/IASに関心を持っているが、リソースの不足等から、公開されている文献を参照する程度にとどまっている[72]。

67）GASBよりヒアリング。
68）GASB Strategic Plan
69）GASBよりヒアリング。
70）FASABよりヒアリング。
71）GASBよりヒアリング。
72）FASAB、GASBよりヒアリング。

Ⅲ　アメリカ

図表22　会計基準設定の全体像

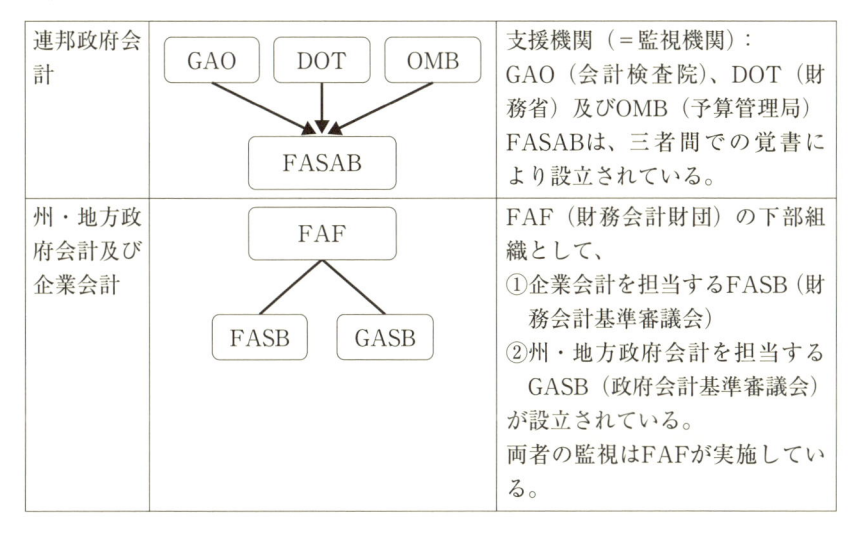

連邦政府会計	GAO → FASAB ← DOT, OMB	支援機関（＝監視機関）：GAO（会計検査院）、DOT（財務省）及びOMB（予算管理局）FASABは、三者間での覚書により設立されている。
州・地方政府会計及び企業会計	FAF → FASB, GASB	FAF（財務会計財団）の下部組織として、 ①企業会計を担当するFASB（財務会計基準審議会） ②州・地方政府会計を担当するGASB（政府会計基準審議会） が設立されている。 両者の監視はFAFが実施している。

図表23　公会計基準設定経緯　概観

（1990年以前）

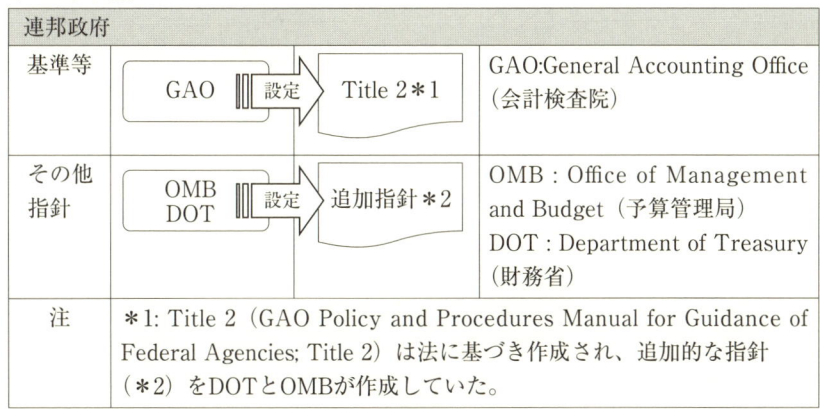

連邦政府		
基準等	GAO 設定 → Title 2＊1	GAO:General Accounting Office（会計検査院）
その他指針	OMB DOT 設定 → 追加指針＊2	OMB：Office of Management and Budget（予算管理局） DOT：Department of Treasury（財務省）
注	＊1: Title 2（GAO Policy and Procedures Manual for Guidance of Federal Agencies; Title 2）は法に基づき作成され、追加的な指針（＊2）をDOTとOMBが作成していた。	

⇩

（FASAB設立（1990年）～現在）

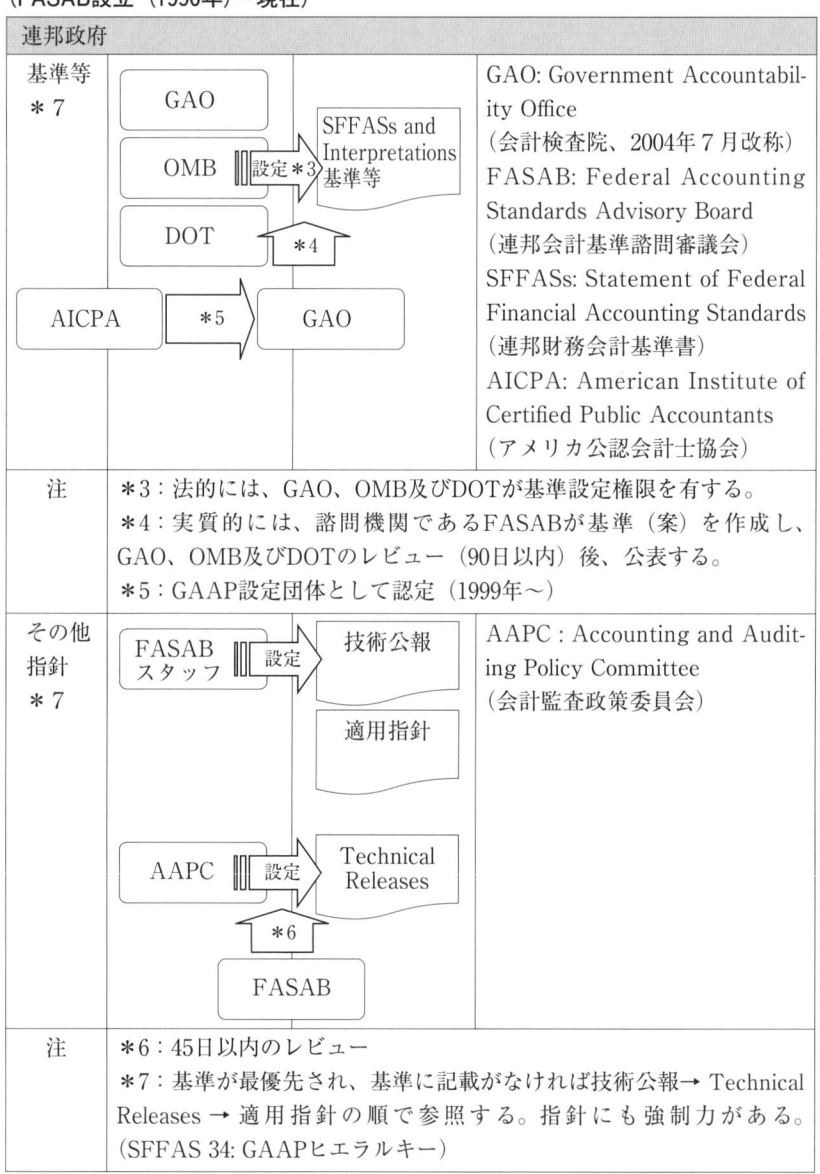

連邦政府			
基準等 ＊7	GAO OMB　設定＊3 DOT	SFFASs and Interpretations 基準等 ＊4	GAO: Government Accountability Office （会計検査院、2004年7月改称） FASAB: Federal Accounting Standards Advisory Board （連邦会計基準諮問審議会） SFFASs: Statement of Federal Financial Accounting Standards （連邦財務会計基準書） AICPA: American Institute of Certified Public Accountants （アメリカ公認会計士協会）
	AICPA　＊5　GAO		
注	＊3：法的には、GAO、OMB及びDOTが基準設定権限を有する。 ＊4：実質的には、諮問機関であるFASABが基準（案）を作成し、GAO、OMB及びDOTのレビュー（90日以内）後、公表する。 ＊5：GAAP設定団体として認定（1999年～）		
その他 指針 ＊7	FASAB スタッフ　設定	技術公報 適用指針	AAPC：Accounting and Auditing Policy Committee （会計監査政策委員会）
	AAPC　設定 ＊6 FASAB	Technical Releases	
注	＊6：45日以内のレビュー ＊7：基準が最優先され、基準に記載がなければ技術公報→ Technical Releases → 適用指針の順で参照する。指針にも強制力がある。 （SFFAS 34: GAAPヒエラルキー）		

Ⅲ　アメリカ

(1984年以前)

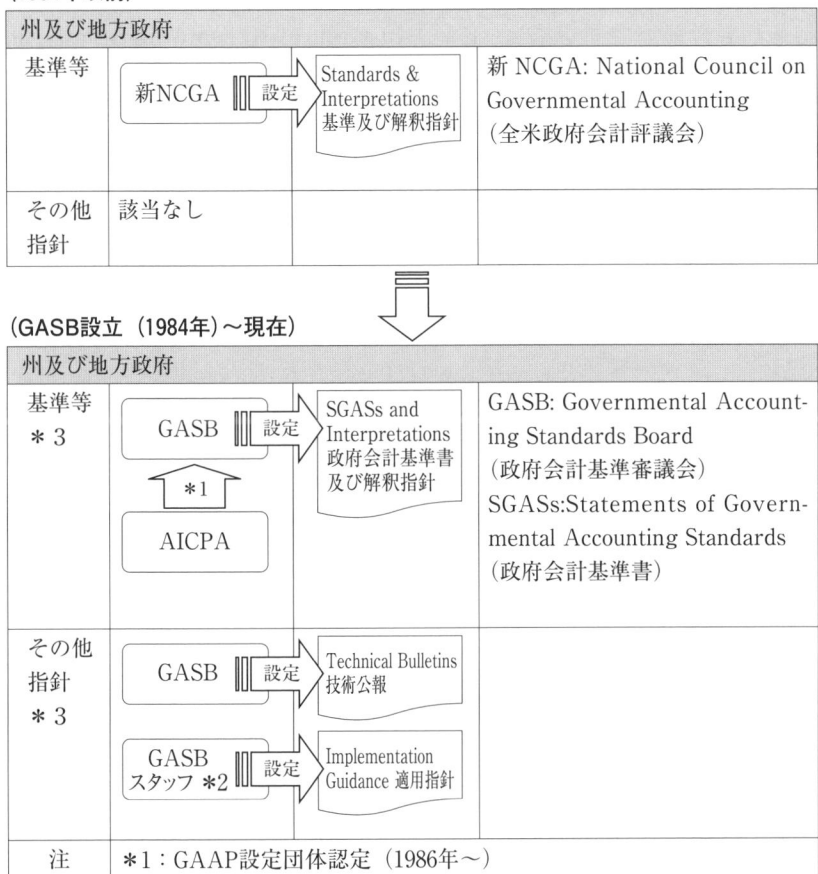

州及び地方政府			
基準等	新NCGA →設定→ Standards & Interpretations 基準及び解釈指針		新NCGA: National Council on Governmental Accounting（全米政府会計評議会）
その他指針	該当なし		

⇩

(GASB設立(1984年)～現在)

州及び地方政府			
基準等 *3	GASB →設定→ SGASs and Interpretations 政府会計基準書及び解釈指針　↑*1　AICPA		GASB: Governmental Accounting Standards Board（政府会計基準審議会） SGASs: Statements of Governmental Accounting Standards（政府会計基準書）
その他指針 *3	GASB →設定→ Technical Bulletins 技術公報 GASBスタッフ *2 →設定→ Implementation Guidance 適用指針		
注	*1：GAAP設定団体認定（1986年～） *2：GASBがスタッフに公表権限を与える。 *3：基準が最優先され、基準に記載がなければ指針を参照する。指針にも強制力がある（SGAS 55: GAAPヒエラルキー）。		

図表24　公会計基準設定主体及び関係諸団体の概要

①連邦会計基準諮問審議会（FASAB: Federal Accounting Standards Advisory Board）

No	項目	内容
1	役割	会計検査院（GAO）、予算管理局（OMB）及び財務省（DOT）から権限移譲を受け、連邦政府の会計基準を作成している。
2	機関の特徴	組織形態：連邦政府機関 資金調達：GAO、OMB及びDOT 三者の予算下にある。
3	人員構成	ボードメンバー：9人 テクニカルスタッフ：5人 ※ボードメンバーはGAO、OMB及びDOTから1人ずつ計3人及び連邦政府以外のメンバー6人から構成され、全員非常勤である。議長は連邦政府以外のメンバーでなければならない。
4	その他	FASABは連邦法上の諮問機関であり、法令上の基準設定権限はGAO、OMB及びDOTが有している。

②政府会計基準審議会（GASB: Governmental Accounting Standards Board）

No	項目	内容
1	役割	州・地方政府に係る会計基準を作成している。
2	機関の特徴	組織形態：民間非営利法人である財務会計財団（FAF: Financial Accounting Foundation）の傘下組織 資金調達：FAFからの寄付、州・地方政府からの寄付及び2012年度以降は金融取引業規制機構（FINRA: Financial Industry Regulatory Authority）からの資金拠出等により運営されている。
3	人員構成	ボードメンバー：7人 テクニカルスタッフ：19人 ※ボードメンバーは政府関係者、市場関係者、学識経験者、会計専門家のバランスを考慮して任命される。なお、議長以外は非常勤である。

（参考） AICPAによるGAAP設定団体の認定について

　AICPAでは、監査人が遵守すべき倫理規定として、「職業専門家の行動規範（Code of Professional Conduct）」を設定している。第203条は、GAAP設定団体とその要件について記載している。職業会計士団体がGAAP設定団体を認定する仕組みはアメリカ特有のものであるため、ここで概要を解説する。職業専門家の行動規範第203条におけるGAAP設定主体の認定規準は以下のとおりである[73]。

①独立性
　当該主体は、構成員（constituency）からの不当な影響を受けない、独立した存在でなければならない。

②デュー・プロセス及び基準
　文書化されたデュー・プロセスに準拠し、全ての重要な視点又は代替的見解を考慮しなければならない。
　完全、公正かつ比較可能な開示を達成すべく適時に基準を作成しなければならない。

③取扱い領域（Domain）及び権限
　他のGAAP設定主体と重複しない独自の構成員を擁し、かつ、主体の作成する基準はその構成員から支持されていなければならない。

④人的・財務的資源
　主体は、その業務を実施する上で十分な資金を獲得していなければならない。ボードメンバー及びスタッフは全ての関連する領域において十分な識見を有していなければならない。

---

73) 本認定規準は、AICPAが、FASABをGAAP設定主体として認定する際に検討したものである。GAAP認定団体は他に、GASB、FASB（財務会計基準審議会）、PCAOB（公開企業会計監視審議会）、IASB等がある（職業専門家の行動規範　付録A）。

⑤包括性及び整合性

　基準設定において、概念フレームワークとの整合を考慮するとともに、(類似した環境においては) 他のGAAP設定団体の概念フレームワークとの整合性も考慮しなければならない。

　FASABは、GAAP設定主体として認定を受けるために、1999年、以下の改革を行った。

・非連邦政府メンバーを選定する際、連邦側（GAO、OMB及びDOT）からの独立性を保つため、指名委員会（Appointment Panel）を設置（手続規則を改訂）
・運営委員会の会議を公開（手続規則を改訂）
・FASABの会計基準が支援機関のレビュー後、FASABが最終基準として公表すること（MOUを改訂）[74]

---

74) FASABが支援機関に基準案を提出し、90日間反対がない場合は自動的に最終基準として効力を有することとなる（MOUより）。1999年の改訂以前は、最終基準は会計検査院長とOMB長官が共同公表することになっていた。

Ⅲ　アメリカ

連邦制の各国比較

　連邦制国家において、各州は、独自の主権（準主権）を持つため、地方制度に州は含まれない。したがって、連邦制国家における「地方自治」は、通常、州の下の地方政府のことを指す。今回の調査対象国のうち、連邦制を採用している国は、アメリカ、カナダ、オーストラリア、ドイツである。

　連邦と州の権限について各国の連邦憲法を参照すると、州の権限が強いのが、アメリカ、オーストラリアであって、両国と比べると連邦の権限が強いのがカナダ、ドイツであるといえる。

　なお、いずれの国においても、州の下にある地方自治体の位置付けは、州（州法等）に委ねられている。

(1) アメリカ
連邦と州
　アメリカ連邦憲法修正第10条において、「この憲法によって合衆国に委任されず、かつ州に対して禁止されていない諸権限は、それぞれ各州又は国民に留保される」とされているとおり、州の権限が強い。
州と地方
　アメリカ連邦憲法には地方自治関連規定は存在しない。したがって、州が地方自治に関する権限を持っている。地方自治体は、州の被造物と言われる。

(2) カナダ
連邦と州
　強い州権が認められているが、州の立法事項は連邦憲法で限定列挙されている（1867年憲法法第2章）。限定列挙された事項以外については連邦議会が立法権を持っている。アメリカが連邦の権限を憲法にて限定列挙しているのとは対照的である。
州と地方
　1867年憲法法に地方自治に関する事項が規定されており、各州の地方自治体の構成を決める権限は州が有している。

(3)オーストラリア
連邦と州
　オーストラリア連邦憲法に連邦政府の権限を列挙し、「連邦成立前から有していた植民地政府の権限の全ては州政府が受け継ぐ（連邦憲法第107条）」としており、州政府の権限が強い。
州と地方
　連邦憲法に地方自治関連規定は存在しない。したがって、州が州内の地方自治に関する権限を持っている。

(4)ドイツ
連邦と州
　基本法が、連邦に立法権を与えていないものに限り、州が立法権を有する。基本法が連邦に立法権を付与している分野は広範であるため、州の立法権は限定的である（教育制度、文化政策、地方自治制度、警察制度等にのみ州は立法権を有する）。
　ただし、州の立法事項が限定的なことに関して、州に関する連邦法案の審議を行う連邦参議院（上院）の位置付けに留意する必要がある。連邦参議院の議員は、各州の代表から構成されている。連邦参議院を通じて各州は、その意思を反映させている。
州と地方
　基本法第28条において州と地方の関係が規定されている。連邦が専ら立法権を有する分野（基本法第73条）において、地方制度に関する事項が規定されていないため、州が州内の地方自治に関する権限を持っている。

Ⅳ　カナダ

公的部門と公会計基準の概況

1．調査対象国の選定理由[1]

　カナダはアメリカと同様に連邦制を採用しているが、議院内閣制、強い連邦政府、州間財政調整システムなど、アメリカに比べると我が国の政治・行政システムに近いと言える。また、1980年代から公会計改革を行い、修正発生主義の導入を経て、2011年（連邦政府は2002年）までに連邦政府及び州政府を含む全ての自治体が完全発生主義に移行している。このため、今後の我が国の公会計基準設定の在り方を検討する上で参考となると考えられる。また、職業会計士団体に公会計基準設定主体が置かれている点が特殊であるため、調査対象とした。

2．公的部門の状況

(1)　公的部門の状況

　カナダは、イギリス女王を元首とする立憲君主制国家である。イギリス女王が連邦政府の首相の推薦に基づき、女王を代行して連邦を統治する総督を任命するが、総督は象徴的役割を担うにすぎない。連邦政府の実質的な権限は、カナダ議会下院で選出され、総督により任命された首相にあり、議院内

---

[1] 2012年7月27日にカナダで現地調査を行い、カナダ勅許会計士協会副会長（基準担当）兼 公会計審議会（PSAB）メンバーに対しインタビューを実施した。

閣制を採用している。連邦議会は、上院と下院の二院制で構成され、上院議員は連邦内閣の助言に基づき総督が任命する任命制であるのに対し、下院議員は小選挙区制選挙により選出された議員から構成される。現在の首相は、下院の第1党保守党のスティーブン・ジョセフ・ハーパー氏（2006年2月6日から）である。

　連邦国家であるカナダは、10の州（Province）と3の準州（Territory）から構成されており、その内訳は図表25のとおりである。

図表25　カナダの州及び準州

```
【州】
● 東部カナダ
  A 大西洋カナダ
    ①ニューファンドランド・ラブラドール州（NL）
    ②プリンス・エドワード・アイランド州（PE）
    ③ノバ・スコシア州（NS）
    ④ニュー・ブランズウイック州（NB）
  B 中央カナダ
    ①ケベック州（QC）
    ②オンタリオ州（ON）
● 西部カナダ
    ①マニトバ州（MB）
    ②サスカチュワン州（SK）
    ③アルバータ州（AB）
    ④ブリティッシュ・コロンビア州（BC）
【準州】（注）
    ①ヌナブト準州
    ②ノースウェスト準州
    ③ユーコン準州
```

（注）準州は、連邦政府の直轄として、連邦政府のコントロール下で自治権が認められているもので、連邦政府会計検査院の監査対象とされている。

　各州はアメリカ合衆国のような成文憲法を有しておらず、連邦結成時の根拠法となった1867年憲法法[2]の州に関する部分、各州で制定された議会法

等及び慣習や判例などが憲法を構成する。各州には総督により任命された副総督が置かれ、国王を代理し、州政府の長としての権限が与えられているが、州首相により行政が執行されている。州議会は、副総督と一院制の立法議院から構成される。

連邦制を採用してはいるが、アメリカ合衆国に比べて連邦政府の権限が強いとされている。このことは、1867年憲法法第2章において連邦制を規定し、第6章では、連邦－州間の権限分配として、州の権限を限定列挙するとともに、連邦の立法権限として、財政、郵便業務及び国防等を示し、その他として「この法律により州の議会に専属的に付与された事項の部類の列挙から明らかに除外された事項の部類」と規定し、残余権限が連邦政府に属することを明らかにするというアメリカとは逆の規定の仕方をしていることによる。これは歴史的にフランス系カナダの分裂回避やアメリカからの軍事的脅威があったことが主な原因とされる。

地方自治については、1867年憲法法の自治体に関する事項等を根拠として、地方の組織構成を決めるのは各州の権限とされる[3]。先住民の自治政府については、1982年憲法法で先住民の権利が憲法上規定され、先住地における自治が認められている[4]。

地方政府は、入植者が局地的に形成した町を発展させた都市自治体と、都市以外のエリアを管轄する広域自治体とに分けられる。都市自治体は、人口規模に応じ、通常、市（city）、町（town）、村（village）などと呼び名が異なる。一方、広域自治体については、州によって異なる名称で呼ばれており、

---

2) カナダ憲法の成文法の部分は、1982年カナダ法2、1867年から1982年までの複数の憲法法（Constitution Act）、マニトバ法を初めとし植民地の連邦加盟時に制定された諸法令、自治権を付与したウェストミンスター法等の制定法から成っているため、「憲法」とせず、「憲法法」と記述している。
3) 「各国憲法集(4)カナダ憲法（国立国会図書館調査及び立法考査局、2012年3月）」による。なお、ニューファンドランド・ラブラドール州やオンタリオ州は、州内の全ての自治体に適用される単一の法律を持つのに対し、マニトバ州は、大都市について個別法を制定し、その他は共通の法律を自治体に適用している。一方、ケベック州やサスカチュワン州は類型ごとに法律を制定しているとされる。俗に、地方政府は「州の創造物（creature）」と言われている。
4) 先住民イヌイットのヌナブトは、1993年5月に「ヌナブト土地請求協定」を締結し、これにより付与された土地を基にヌナブト準州が誕生しており、議会、内閣及び裁判所が置かれている。

district、municipality、township、parish、county、rural municipality などの呼び名が存在する。さらに、州によっては、広域自治体の更に上層の組織としてcountyが設けられて二層制により運営されているところもある。このようにカナダの地方制度は、州により全く異なっており、また同じ州内でも地域によって異なった制度が適用されている[5]。

(2) 財政制度[6]

州政府の個人所得税を中心とする自主財源はおよそ8割程度であり、連邦政府からの移転はおよそ17%（2006年度）である。地方政府は6割程度が自主財源となっている。

各州の財政力の格差を補うために、連邦政府は「平衡交付金」(Equalization Payments）を交付している。また、準州に対しても、同様の目的で「準州交付金」(Territorial Formula Financing）を交付している。さらに、保健医療、福祉及び高等教育についての財源移転も存在する。州から市町村等へは、特定補助金が交付されている。

3．公会計基準の状況

(1) 基準設定状況

カナダ政府では、1980年代まで現金主義会計を採用していた[7]。これに一石を投じたのが1980年のカナダ勅許会計士協会（CICA: Canadian Institute of Chartered Accountants）による「政府の財務報告」であったとされている[8]。これをきっかけに公会計における発生主義会計等の重要性が認識され、

---

5) 財務総合政策研究所（2002）
6) 池上（2010）
7) 発生主義会計移行の是非については、既に1962年及び1979年の連邦委員会で議論されていた。
8) 「カナダ政府の財務報告は、表示や用語の面で大変複雑かつ様々であり、政府会計の情報を受ける人々でさえも、報告情報の重要性を評価することに困難である」旨が示され、一般に認められた報告基準の必要性が指摘された。
　ただし、この時点では、現金主義、修正された現金主義、修正された発生主義、完全発生主義又はその他の会計原則のいずれとすべきかは決定されていなかった。

その根拠の作成のために、1981年、CICAに公会計監査委員会(PSAAC: Public Sector Accounting and Auditing Committee)が設置された。

当初、PSAACは発生主義会計に関する基準の設定よりも、政府会計報告の「向上と調和(improve and harmonize)」を目的としていた。PSAACからPSAAB(Board)への改組(1993年)を経て、1998年に監査に関する役割がCICAの監査及び保証審議会に属することとなった。この際、PSAABは会計基準の設定のみを行うことが決定され、名称も公会計審議会(PSAB: Public Sector Accounting Board)と改称された。

(2) 適用状況

連邦政府は、当初1989年に新たな財務情報戦略を発表したが進展せず、改めて1995年度予算の公表時において、新たな会計システムを導入し、2001年度をめどに完全発生主義会計への移行を示した。しかしながら、準備不足を理由として、2002年度に延期された[9]。

なお、州政府においても1990年代から順次発生主義への移行が進められ、現在は全ての州政府が完全発生主義に移行している。また、州政府内の地方政府に対して、PSABは、2009年1月時点で原則的に完全発生主義に移行することを求めていた。その後、2011年までに全ての地方政府が完全発生主義に移行した[10]。

2004年以来カナダ連邦政府の決算書(Public Accounts)は、3分冊になっている。第1は、会計検査院(Auditor General of Canada)の監査意見の付いた財務諸表であり、第2は、省庁ごとの活動状況、第3は、回転基金等の追加的情報である。決算書は、財務管理法に従い管財長官(Receiver General)が作成し、財務審議会の審議会長名で下院に提出される。決算書

---

9) 従来連邦政府は修正発生主義を採用しており、完全発生主義にするために新たなシステムを技術的にクリアすることが課題の1つであったとされている。
10) PSABは、利害関係者との情報交換活動の更なる推進と完全発生主義会計への移行のメリット及びその理由を広めるために、移行に関するガイダンスを財務諸表作成者及び監査人に提供した。

は、4月1日から3月31日を会計年度として作成され、監査を経て、原則毎年12月31日までに提出されなければならないが、下院が休会中のときは、次の会期の開会後15日以内に提出されなければならないとされている[11]。

(3) 監査の状況[12]

連邦政府の作成する決算書（Public Accounts）は、「会計検査院法（Auditor General Act）」及び「連邦政府の会計責任に関する法律（Federal Accountability Act）」により会計検査院長（Auditor General of Canada）の監査（保証型監査）が義務付けられている。会計検査院長は、3つの準州に対しても監査権限を持ち、各準州に直接監査結果を報告している。

州政府等の作成する財務諸表については、各州等の「監査法（Audit Act）」及び財務管理に関する法律に従い、各州の会計検査院長による監査が義務付けられている。

公会計基準設定の在り方

4．基準設定主体の基礎情報

連邦政府は、PSABが作成する会計基準（PSAハンドブック）を基に財務審議会事務局が「財務審議会会計基準（TBAS）」を作成し、適用している。州政府等もPSABの作成する会計基準（同上）を適用している。

なお、IFRS移行後は、政府及び政府系非営利組織については、PSAハンドブックを適用するが、政府系企業（GBEs）についてはIFRSを適

---

11) 以下の連邦政府下院のウェブサイトによる（最終閲覧日：2013年5月7日）。http://www.parl.gc.ca/About/House/compendium/web-content/c_d_publicaccountscanada-e.htm
12) 以下の連邦内閣のウェブサイトによる（最終閲覧日：2013年5月7日）。http://www.parl.gc.ca/procedure-book-livre/Document.aspx?Language=E&Mode=1&sbdid=F26EB116-B0B6-490C-B410-33D985BC9B6B&sbpid=92E352ED-BE17-44E8-82FE-5F47834435FC

用し、その他の政府支配組織については、PSAハンドブック又はIFRSを適用することとしている。

基準設定に当たり、会計基準監視評議会（AcSOC: Accounting Standards Oversight Council）は、PSABの上位機関として監督を行うとともに、当初のアジェンダ作成やプロジェクト計画を事前承認し、PSABの事業計画や戦略目的の達成状況を事後評価している。

(1) 設立の経緯及び歴史的変遷

PSABは、CICAの内部機関であるため、民間機関であり、連邦政府及び州・地方政府等カナダ公的部門全体に適用される会計基準（PSAハンドブック）の設定主体である。1981年の設立以降、当該会計基準が各政府に浸透し、現在ではGAAPとして法制化されている。

一方、財務審議会（TB: Treasury Board）は、1867年カナダ初代首相のマクドナルドにより設立された審議会である[13]。連邦政府の財務管理全般に関し、内閣をサポートするものである。TBは、第二次世界大戦前は、政府会計の中央集権化、統一化を推し進めた。1960年代まで、TBは財務省の内部組織であった。1966年、TB及びTBS（TB事務局）が財務省から分離され、財務大臣から独立し、内閣の直轄（内閣委員会）となった。以後、TB、TBSは、1980年代から90年代にかけて、政府財政赤字に対応すべく、ニュー・パブリック・マネジメントを推進する役割を果たした。

特に、TBSには、監察総監室（Office of the Comptroller General）が置かれ、連邦政府の財務管理及び内部監査活動を行っている。また、財務管理及び分析セクター（FMAS: Financial Management and Analysis Sector）[14]

---

13) TBは、国王枢密院の内閣委員会（Cabinet committee）であり、議長、財務大臣他、枢密院メンバー等から構成される（連邦財務管理法第5条第1項及び第2項）。1960年代まで運営事務局は財務省が担っており、議長は財務大臣が務めることとなっていた。本段落の記述は、以下ウェブサイトを参考としている（最終閲覧日：2013年5月7日）。http://www.tbs-sct.gc.ca/tbs-sct/abu-ans/tb-ct/abu-ans-eng.asp
14) FMASは、TBS内に置かれ、管理総監を補佐する機関で、政府全体の財務管理、財務監督及び財務報告に対して一定の基準を設定し、これを強化することを目的とした部署である。

においては、財務報告に関し、主に以下の業務を管轄している[15]。
- ・決算書及び財務諸表の準備及び管理
- ・公的部門の年金及び各局の財務諸表及びその報告への支援[16]
- ・連邦政府の財務結果の分析及び報告機能の提供

(2) 役割と権限

　連邦政府、州政府共に基準の設定主体はPSABである（ただし、連邦政府に関しては、TBSも財務審議会会計基準（TBAS: Treasury Board Accounting Standard）を通じて、一定の権限を有している。）。PSABは、CICAの一機関であるため、基準設定主体は民間機関である。また、州政府等も同様にPSABの設定した基準を原則的に採用している。

　IFRS移行後（2012年1月1日以降に開始する会計年度以降）、PSABは、各政府機関の会計基準の適用について以下のように示している[17]。

図表26　カナダ公的部門の会計基準

組織形態　※1	採用する会計基準
政府（連邦、州等）	PSA Handbook
政府系企業（GBEs）	IFRS
政府支配非営利組織（NPOs）	既存のCICA Handbookの4400番台の規定を組み込んだPSA Handbook　※2
その他の政府支配組織（OGOs）	PSA Handbook又はIFRS

※1　従来の政府支配営利組織（GBTOs）は、政府支配非営利組織（NPOs）又はその他の政府支配組織（OGOs）に区分されている。
※2　CICAハンドブックは民間企業向けのカナダの会計基準である。4400番台の規定は非営利組織の会計基準を示すものである。政府組織を政府支配営利組織及びその他の政府支配組織に分けたこと等に伴い、政府支配非営利組織の会計基準をPSAハンドブックに盛り込むために、従来のCICAハンドブックの4400番台の規定をPSAハンドブックに組み込んだものである。

---

15) TBSの以下のウェブサイトを参考とした（最終閲覧日：2013年5月7日）。
　　http://www.tbs-sct.gc.ca/ocg-bcg/abu-ans/structure-eng.asp#fm-gf
16) 完全発生主義会計導入支援の際には、TBASや財務情報戦略会計マニュアルを作成した。
17) 以下のウェブサイト及びAcSB（2011）による。
　　http://www.cica.ca/focus-on-practice-areas/small-and-medium-practices-(smp)/implementing-the-accounting-standards/item69429.pdf（最終閲覧日：2013年5月7日）
　　http://www.frascanada.ca/standards-for-not-for-profit-organizations/resources/basis-for-conclusions/item48254.pdf（最終閲覧日：2013年5月7日）

基準設定主体はPSABであるが、ガイダンス（指針）についてはPSAB及びTBSが作成している。また、推奨実務書（SORP: Statement of Recommended Practice）はPSABが公表するが、強制力はなく、GAAPではない[18]。

PSABは、連邦政府、州・地方政府に会計基準（PSAハンドブック）を強制する権限を有していない。現状各政府の財務管理法等で、PSAハンドブックを会計基準として指定することで法的強制力が生じる。

(3) 活動監視

2000年に企業会計基準設定の監視機関として、CICAにより、AcSOCが設立された。当初AcSOCは、企業会計基準設定主体である会計基準審議会（AcSB: Accounting Standards Board）のみ監視していたが、2003年にPSABも監視することとなった。AcSOCは、PSABのアジェンダの優先順位やプロジェクト計画を事前承認し、事業計画や戦略目的の達成状況を事後評価している。

PSABは、AcSOCに、その活動状況を定期的に報告しなければならない。これはデュー・プロセスを遵守していることと、AcSOCの助言等を反映した事業計画及び戦略目標となっていることを説明するためである[19]。そのため、事業計画や戦略目標はPSABの承認後、AcSOCに提出される。

5．資金調達

PSABはCICAの一審議会であるため、資金はCICAの予算で賄われる。年間予算は約1.8百万カナダドル（約161百万円）で、これらは主に会員からの会費収入により賄われる[20]。

---

18) PSABよりヒアリング。
19) PSABよりヒアリング。
20) AcSOC（2012）

6．人員構成

(1) PSABボードの構成

　PSABは、投票メンバー10人（うち議長1人）と投票権を持たないメンバー2人から構成される。投票メンバーは、AcSOC指名委員会の推薦[21]に基づき、AcSOCが任命している。投票メンバーは全員非常勤であり、議長のみが有給である。任期は3年で再任可能である。ボードメンバーの構成は以下のとおりである（2012年9月現在）。公務員委員9人、民間専門家3人（図表27※印）から構成される。

　なお、予算総額の制限以外、CICAからの権限行使等の制約は存在せず、独立性が保たれているとのことである[22]。

図表27　PSAB ボードメンバー構成

出身団体（主な職歴）	資格（注）
投票メンバー：10人（非常勤）	
議長、連邦政府職員（元　監察総監等）	FCA
州会計検査院職員（元　会計事務所ディレクター等）	CA
連邦会計検査院長（元　州会計検査院職員等）	FCA
州会計検査院副検査官	CA
※民間会計事務所（公的部門監査担当）	CA
州財務副大臣補	CMA
連邦監察総監（元　連邦会計検査院職員）	CA
州関連機関財務責任者	CA
地方政府財務責任者	CA
州財務副大臣	CA
※非投票メンバー（CICA職員[23]）：2人	
計	12人

(出典）PSAB（2012）に基づき作成。
(注) カナダでは、勅許会計士（CA）、公認一般会計士（CGA）及び公認管理会計士（CMA）の3つの会計士資格があり、それぞれが独自の教育、試験、実務経験を持っている。3つの資格のうち、一般的にはCAが最上位とされる。CGAは各州が認定。なお、FCAはCAの特別な上位資格である。

(2) タスクフォースの構成

　PSABでは、基準及び指針等を作成するため、事業計画に基づいてタスクフォースを設置している。通常PSABの議長が事務局長を務め、タスクフォース委員については、メンバーやスタッフの意見を聞いて任命している[24]。

　調査時点（2012年9月現在）において、資産除去債務、資産、概念フレームワーク、金融商品、非営利組織（AcSOCとの共同）、関連当事者取引及び収益の7つについてタスクフォースが設置されている。

(3) 事務局スタッフの構成

　7人（事務局長1人、主任（テクニカルスタッフ）5人及び管理スタッフ1人）からなり、いずれもCICA職員である。スタッフの採用ではウェブサイトに広告を載せたり、人材会社を使ったりすることもある。政府関連の人脈を基に採用候補者を募ることもある。会計の技術的知識も必要であるが、論点の分析能力と文章作成能力を重視している。スタッフの給与は平均120千カナダドル（約9.3百万円）で、業績連動ボーナスがある[25]。

7．基準設定方法

(1) 基準設定テーマの選定方法[26]

　アジェンダの選定や優先順位付けについてはAcSOCの了解を得る必要がある。また、アジェンダの最終決定にはボードの決議（3分の2以上の賛成）が必要とされる。

---

21) メンバーは出身母体の意見を反映するのではなく、各人の専門性を基に指名される。
22) PSABよりヒアリング。
23) うち、1人はCICAの基準担当副会長であり、PSABに加えて、AcSB（民間会計基準）、AASB（監査基準）の3つの基準設定主体の非投票メンバーを務めている。PSABからのヒアリング及びPSABウェブサイトによる。
24) PSABよりヒアリング。
25) PSABよりヒアリング。
26) AcSOC（2012）

(2) 基準設定のデュー・プロセス[27]

PSABでは、以下のプロセスに従い、基準が設定される。

①作業部会による基礎調査

②事業計画の承認

③タスクフォースの組成

④原則記述書（Statement of Principles）を作成する。代替処理を列挙し、どの選択肢を選択したのか理由を記載

⑤公開草案の作成と公表（公開期間は60日間。緊急を要する場合でPSABが承認すれば短縮可能）

⑥会計基準書の確定

公開草案、会計基準書ともに書面投票による3分の2以上の賛成が必要とされる。各メンバーの出身母体の影響を排除するため、投票は無記名である。また、同様の趣旨から、議事概要は公開されるが、発言者が特定された詳細な議事録は公表していない。

8．基準設定主体と政府機関等との関係

(1) 独立性担保方法

PSABの運営規約（Terms of reference）や運営手続きについては、CICAではなくAcSOCが承認することで、予算的にはCICAに依存するものの、独立性が担保されている[28]。PSABには基準設定主体としての法的な位置付けはなされていない。

(2) 基準の法的位置付け

PSABは民間団体であり、連邦及び州政府に対し自己の作成した会計基準

---

27) 下記PSABウェブサイトによる（最終閲覧日：2013年5月7日）。http://www.frascanada.ca/public-sector-accounting-board/what-we-do/due-process/index.aspx

28) PSABよりヒアリング。

を受け入れることを法的に要求する権限はない。このため、各政府は、法的には連邦及び各州の財務管理法（FAA: Financial Administration Act）により、当該会計基準を受け入れる旨規定し、これを根拠に適用している[29]。

具体的には、連邦政府は、PSABの作成するPSAハンドブックをGAAPとして規定している（条文中でPSAハンドブックを直接規定）。加えて、財務審議会事務局（TBS: Treasury Board Secretariat）も、連邦政府の会計基準となる「財務審議会会計基準（TBAS: Treasury Board Accounting Standard）」を設定している[30]。なお、PSABは会計基準の解説として指針（ガイダンス）を公表することがあるが、これもGAAPに含まれるとしている[31]。

州政府等は、各州財務管理法により、当該GAAPを受け入れる根拠としている。3準州（Territory：一定の自治権があるが、管理は連邦政府に委ねられ、連邦会計検査院の監査対象）も同様に各準州で財務管理法を制定し、PSAハンドブックを強制している。州政府の管轄下にある地方政府も、州政府の法令や指示により、PSAハンドブックが強制される。

(3) 企業会計基準設定主体との関係

PSABは、AcSBを考慮するが、それに拘束されることはない。公会計と企業会計双方に関係する分野では、非営利組織の会計のように共同プロジェクトを組織している。なお、政府系企業は、企業会計基準を適用している。

---

29) 当初ブリティッシュ・コロンビア州のみが、当該GAAPを直接適用する旨を条文（財務管理法）に設けていた。現在ではほとんどの政府が同様の規定を導入している。ブリティッシュ・コロンビア州では、2001年「予算の透明化及び会計の改正に関する法律」に基づき、2004年4月から当該GAAPを採用している。そして、「予算の透明化及びアカウンタビリティに関する法律」において、財務審議会の権限の項において会計基準の準拠に関する事項が記載され、法制度化された。
30) このため、連邦政府においてはPSABの基準をそのまま適用するのではなく、TBSにより変更等をする余地が存在する。このため、TBSにも一定のGAAPを設定する機能を有していると言える。
31) ガイダンス以外に、推奨実務書（Statements of Recommended Practice、SORPs）を公表することもあるが、イギリスとは異なり、カナダでは強制力を有さない。GAAPには含まれない。

(4) その他政府機関等との関係

ボードのメンバーの中に会計検査院や州政府出身者を含めている点、タスクフォースにも様々な利害関係者が参加している点及びデュー・プロセスとして、草案に対するコメントの機会を確保している点等から、他の政府機関との関係を確保しているとのことである[32]。

9．基準設定主体の必要性

(1) 設立当時の社会環境等

カナダでは1970年代から財政赤字が拡大しており、債務の正確な把握も問題とされていた。この中で、連邦政府の財務報告に関する最初の大きな変化のきっかけとなったのは、２つの王立委員会、「政府組織に関するグラスコ委員会（Glassco Commission on Government Organization）」（1962年設置）及び「財務管理及び会計責任に関するランバート委員会（Lambert Commission on Financial Management and Accountability）」（1979年設置）の調査報告であるとされる。

その後、これらの議論を受けて、1980年のCICAによる「政府の財務報告（Financial Reporting by Governments）」[33]が公表され、今日の改革の端緒となったとされる。そして、連邦政府内部で会計基準を作成するのではなく、独立の第三者機関としての設定主体の設立を連邦政府に働きかけ、これまでの民間組織への会計基準の設定の経験を基に、CICAは1981年にPSABを設立した[34]。

当時の議論としては、このような改革について財務諸表作成者（従来どおりの現金主義又は修正発生主義支持者を除く。）や監査人が主要な支持者であったとされる。また、王立委員会での議論もその推進の背景となっている。

---

32) PSABよりヒアリング。
33) 当該報告書には、学者も関与していた。
34) 設立時にはCICAが積極的に関与したが、現在は、PSABの独立性を尊重している（金銭面での関与（予算措置）と非投票メンバーの参加以外の関与は行っていない）。

(2) 現状認識と今後の方向性

PSABはこれまで、基準の明確化、ニュースリリース、結論の背景となる基礎の公表等様々な方策を実施し、利害関係者の理解を深めることに努力をしてきた。また、原則記述書と公開草案も論点の提示方法を整合的なものとしてきた[35]。

PSABの戦略計画（2010年－2013年）によれば、公会計基準の適用範囲を、政府支配非営利組織、教育委員会[36]、ファースト・ネーション（原住民コミュニティ）に拡張すべく関係規定の整備・調整を行っている。

10. 基準設定主体の国際戦略（IPSASB、他国基準設定主体との連携）

CICAからIPSASB委員を出すだけでなく、カナダ連邦政府がIPSASBに資金を拠出している[37]。他国の設定主体からの直接の影響はないが、基準の設定過程で他国の基準設定主体の調査結果や基準を検討している。

IFRSは、民間セクターの基準であるので、PSABでは基準設定過程で検討するのみである。

---

35) PSABよりヒアリング。
36) School Boardの訳である。州法に定められた補助金により運営されており、教育政策・学校運営を行っている。現状は各州の規制により財務諸表を作成している。
37) PSABよりヒアリング。

図表28　公会計基準設定経緯　概観

（2002年以前）

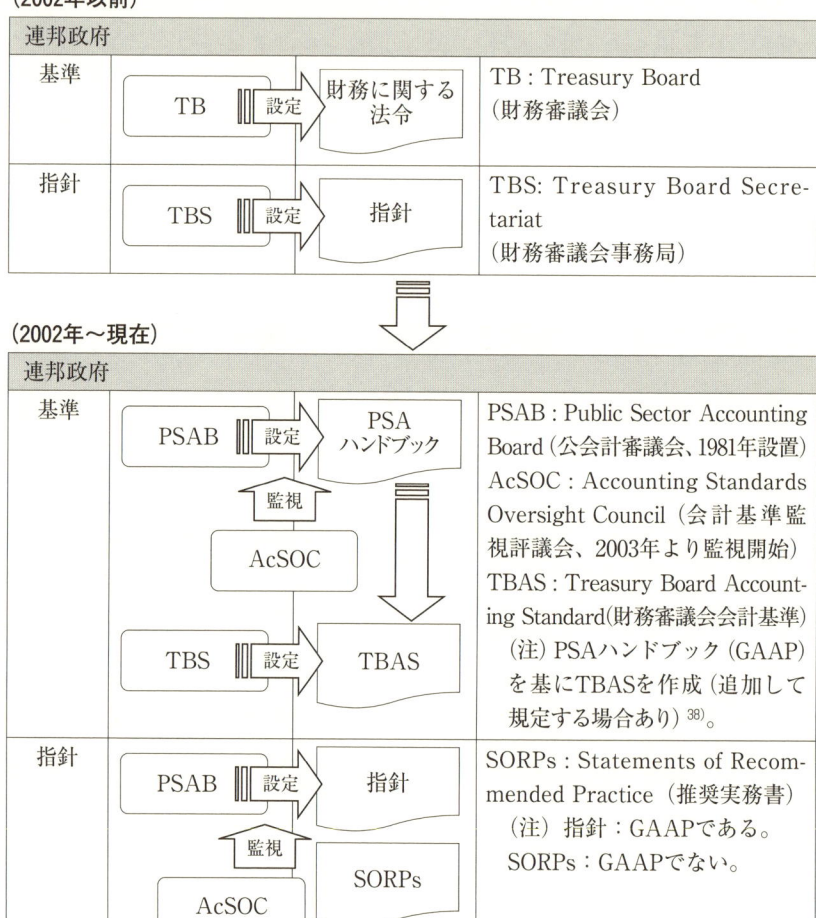

連邦政府			
基準	TB →設定→ 財務に関する法令		TB：Treasury Board（財務審議会）
指針	TBS →設定→ 指針		TBS：Treasury Board Secretariat（財務審議会事務局）

（2002年～現在）

連邦政府	
基準	PSAB →設定→ PSAハンドブック AcSOC →監視→ TBS →設定→ TBAS	PSAB：Public Sector Accounting Board（公会計審議会、1981年設置） AcSOC：Accounting Standards Oversight Council（会計基準監視評議会、2003年より監視開始） TBAS：Treasury Board Accounting Standard（財務審議会会計基準） （注）PSAハンドブック（GAAP）を基にTBASを作成（追加して規定する場合あり）[38]。
指針	PSAB →設定→ 指針 AcSOC →監視→ SORPs	SORPs：Statements of Recommended Practice（推奨実務書） （注）指針：GAAPである。 SORPs：GAAPでない。

---

[38] TBASのウェブサイトによれば、PSAハンドブックは公式の参照文書であるが、TBASの修正又は解釈を通じて強制力が付与されている。
　http://www.tbs-sct.gc.ca/pol/doc-eng.aspx?id=12182&section=text#sec1.3（最終閲覧日：2013年5月7日）

Ⅳ　カナダ

(各州・地方政府発生主義移行前)

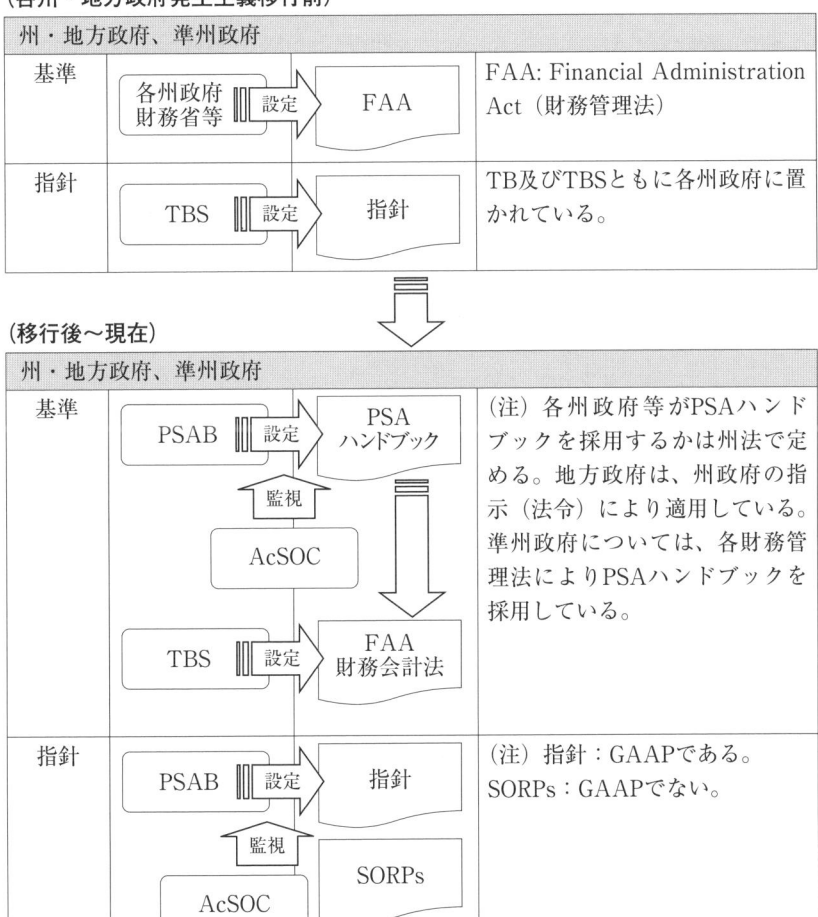

	州・地方政府、準州政府	
基準	各州政府財務省等 →設定→ FAA	FAA: Financial Administration Act（財務管理法）
指針	TBS →設定→ 指針	TB及びTBSともに各州政府に置かれている。

⇓

(移行後～現在)

	州・地方政府、準州政府	
基準	PSAB →設定→ PSAハンドブック ↓ FAA財務会計法　　AcSOC→監視　　TBS →設定→	（注）各州政府等がPSAハンドブックを採用するかは州法で定める。地方政府は、州政府の指示（法令）により適用している。準州政府については、各財務管理法によりPSAハンドブックを採用している。
指針	PSAB →設定→ 指針　　AcSOC→監視　　SORPs	（注）指針：GAAPである。SORPs：GAAPでない。

115

図表29　公会計基準設定主体及び関係諸団体の概要

①会計基準監視評議会（AcSOC: Accounting Standards Oversight Council）

No	項目	内容
1	役割	PSABの監視を行う。当初のアジェンダ作成やプロジェクト計画を事前承認し、事業計画や戦略目的の達成状況を事後評価する。
2	機関の特徴	組織形態：非営利団体（CICAの一審議会） 資金調達：CICAの予算下にある。
3	人員構成	投票会員：23人（議長、副議長の2人を含む。） オブザーバー：1人 非投票会員：6人 スタッフ：1人 　※メンバーは会計士以外に、銀行出身、投資家、法律家及び公務員出身等様々な分野の出身者から構成されている。
4	その他	AcSOC指名委員会はPSABのメンバーを推薦・任命し、AcSOC業績評価委員会がPSABの活動を評価している。

②公会計審議会（PSAB: Public Sector Accounting Board）

No	項目	内容
1	役割	連邦政府、州・地方政府及びその他公的部門会計基準の設定主体
2	機関の特徴	組織形態：非営利団体（CICAの一審議会） 資金調達：CICAの予算下にある。
3	人員構成	投票メンバー（非常勤）：10人（議長1人含む全員をAcSOCが任命） 非投票メンバー（常勤）：2人 スタッフ：7人（事務局長1人、テクニカルスタッフ5人及び管理スタッフ1人） 　※メンバーは連邦政府次官、会計検査院長、連邦議会監査委員、地方政府財務責任者、勅許会計士及び学者により構成されている。非投票メンバーはCICA職員である。議長・非投票メンバーのみ有給である。
4	その他	審議会の下にタスクフォースを設定している。現在のタスクフォースは、資産、概念フレームワーク、金融商品、AcSB/PSAB共同非営利及び関連当事者取引である。

③財務審議会事務局 (TBS: Treasury Board Secretariat)

No	項目	内容
1	役割	連邦政府の活動を監視し、会計検査機能について責任を持つ機関である。PSABが作成する基準を基に作成されるTB会計基準は、財務管理法を根拠に、各省庁の会計報告に適用される。
2	機関の特徴	組織形態:政府機関(連邦政府財務審議会の1組織) 資金調達:連邦政府の予算
3	人員構成	支所及び各セクターから成り立っている行政組織である。
4	その他	1966年に財務省からTB及びその事務局が分離され、財務大臣の権限から独立した存在となっている。

財務審議会 (TB: Treasury Board) について

財務審議会(TB)は、カナダ建国当時から存在する内閣委員会(Cabinet committee)である。時の政権の政策を遂行するために同国において重要な役割を果たしてきた機関である。強固な事務局組織(TBS)により支えられている点に特徴がある。

TBは、議長(現在の議長はFedNor※担当大臣を兼ねている)と財務大臣、4名の枢密院メンバーで構成される。TBは政府経営管理審議会(Government's management board)と通称される[39]。

※FedNor (Federal Economic Development Initiative for Northern Ontario 連邦北オンタリオ経済開発計画)

(1)業務範囲

TBの業務は大きく3つに集約される。
1. 政府の運営方針の決定、運営業績の監視
2. 歳出管理及び業績情報の監視
3. 公務員の採用

なお、連邦財務管理法(Financial Administration Act)第7条に主な業務が規定されている(一般行政政策、財政管理、人事管理、内部監査及び公務員年金制度を所管)。同法の他の条文にもTBの業務が規定されており、さらに、他の20本の法律(公務員雇用法、公用語法等)にも規定されている。

(2) TBSの組織

TBを支える財務審議会事務局（TBS）は、常勤公務員相当で2,121名（2012年度末現在）の人員から構成され、歳出総額は2,504百万カナダドルである（2012年度）[40]。TBは、他の内閣委員会とは異なり、独自の事務局を持っている（他の内閣委員会は枢密院事務局（Privy Council Office）が事務局を担う）。TBの広範な業務権限の遂行を支援するための組織が編成されている。

- 主席情報官（CIO）室
- 管理セクター（TBS内部管理）
- 優先順位及び計画部
- 経済セクター
- 歳出管理セクター
- 主席人事官（CHRO）室
- 政府業務管理セクター
- 規制管理セクター
- 監察総監室（本文で紹介。この中にFMASがある。）
- 社会・文化セクター
- 戦略コミュニケーション及び省庁間業務セクター

CPA Canadaの設立～カナダにおける職業会計士団体の合併

(1) 概要

カナダ国内には職業会計士団体が3団体存在する。
- カナダ勅許会計士協会（CICA: Canadian Institute of Chartered Accountants）、
- カナダ公認管理会計士協会（CMA Canada: Certified Management Accountants of Canada）、
- カナダ公認一般会計士協会（CGA Canada: Certified General Accountants Association of Canada）

である。

この3団体について、現在統合手続が進められている。本コラムでは、今回の統合の目的と手続等について紹介する。

(2) 目的

2012年1月、会員及び関係者からの意見募集期間（8か月間）を経て、統合の

枠組み（Unification Framework）が3団体間で締結された。当該枠組みに今回の統合の目的が記載されている[41]。

・共通化された資格認証と、1組の倫理・行動基準を策定することにより、職業専門家が一般大衆を保護することができるようにする。
・世界的な会計士資格間競争[42]が激化する中、カナダ会計士資格の価値を守り、高める。
・カナダの職業会計士の持続可能性と発展に貢献する。
・効率的かつ効果的な方法で職業会計士団体を統治する。

(3) 最近の状況

カナダでは各州の州法で職業会計士団体に法人格を付与しているため、各州で統合に関する合意手続を進めてきた。CGA Canadaについては、統合に関して各州で足並みが揃っていない[43]。

このため、先行してCICAとCMA Canadaが、カナダ全体レベルでの統合合意にこぎつけ、カナダ非営利法人法に基づく「カナダ勅許職業会計士協会（CPA Canada: Chartered Professional Accountants of Canada）」を設立した（2013年1月）。CPA Quebec[44]とオンタリオ勅許会計士協会がCPA Canadaに参加した最初の2団体である。

---

39) カナダ連邦議会ウェブサイトより（最終閲覧日：2013年6月28日）。
http://www.parl.gc.ca/Content/LOP/ResearchPublications/prb0901-e.htm
40) TBSウェブサイト"Treasury Board of Secretariat – 2011-2012, Departmental Performance Report"より（最終閲覧日：2013年6月28日）。http://www.tbs-sct.gc.ca/dpr-rmr/2011-2012/tbd/tbd05-eng.asp#s1_6
41) CPAカナダウェブサイトより（最終閲覧日：2013年6月28日）。http://cpacanada.ca/blog/2012/01/17/january-17-2012-canada%e2%80%99s-three-legacy-accounting-bodies-issue-unification-framework/
42) 世界的な会計士資格間競争には、イギリスのACCAがカナダへ進出していることへの警戒感がある（CICA, CMA Canada and CGA Canada (2012)）。
ただし、上記ACCAに関する記載については、ACCAからの反論があることに留意されたい（ウェブサイトhttp://www.accaglobal.com/en/discover/news/2012/11/acca-canada.htmlより。最終閲覧日：2013年6月28日）。
43) 各州の統合交渉の進捗については、以下のウェブサイトを参照。CGA OntarioとCGA Manitoba以外のCGA地方組織は再び統合への参加交渉に入っている（最終閲覧日：2013年6月28日）。
http://www.cpamerger.com/merger-status.html
44) 2012年5月ケベック州議会において統合法案（勅許職業会計士法）が可決された。州法成立までこぎつけた初の事例である。

V　オーストラリア

公的部門と公会計基準の概況

1．調査対象国の選定理由[1]

　オーストラリアは、公的機関も民間企業と同じ会計基準を適用すべきという「セクター・ニュートラル」の考え方の下、他国に先駆けてIFRSを公会計に導入した。単一の会計基準設定主体が国内全ての部門（企業会計・公会計・非営利）の会計基準設定を行っている点に特徴がある。

　近年、会計基準設定と監視の枠組みを変更したため、その趣旨や経緯について調査する意義もあると考え、調査対象国として選定した。

2．公的部門の状況

(1)　公的部門の状況

　連邦憲法に連邦政府（Commonwealth）の権限を列挙し、「連邦成立前から有していた植民地政府の権限の全ては州政府が受け継ぐ」（連邦憲法第107条）としており、州政府の権限が強い[2]。ただし、徴税権については連邦政

---

1) 2012年9月3日、4日にオーストラリアで現地調査を行い、以下の機関・役職者に対しインタビューを実施した。
　・オーストラリア会計基準審議会（AASB）：議長兼CEO（Chairman and CEO）、主任研究員（Technical Director）他
　・オーストラリア会計士協会（CPA Australia）：主任政策顧問（財務報告等）（Senior Policy Advisor）他
　・ビクトリア州財務金融省（Department of Treasury and Finance）：予算・財務管理課会計政策担当係長（Manager）
2) 財団法人自治体国際化協会（2008）

府が大きな権限を有している。

立憲君主制(元首はオーストラリア女王)・連邦制である。

6つの州政府(State)、2つの準州政府(Territory)及び多くの地方政府(Local Council)が存在する。州政府が地方政府の配置分合を決定している。

州の政治体制としては、二院制の州議会が存在し、首相と大臣で州の内閣を構成している。近年は、社会の変化に応じ、住民の期待と要求が高まり、財源・人材・技術など、より良いガバナンスの構築に苦心している。

(2) 財政制度

連邦政府が個人・法人所得税の徴税権を有し、州(賃金税など)や地方政府(資産税など)に比べ大きな資金調達力を有している。

連邦政府から州政府・地方政府に交付金が交付されており、州政府にとって主要な財源となっている。以下のデータは、オーストラリア統計局の政府財政統計に基づく、連邦、州・地方政府の財政規模を表すものである。

公的部門総歳入5,120億豪ドル:連邦3,214億豪ドル(52%)、州2,516億豪ドル(41%)、地方350億豪ドル(6%)に対し、公的部門総歳出5,514億豪ドル:連邦3,659億豪ドル(56%)、州2,530億豪ドル(39%)及び地方307億豪ドル(4%)[3]である。また、州政府の歳入のうち34%(858億豪ドル)が、連邦からの財政移転である。また、地方政府の歳入のうち10%(33億豪ドル)が州政府からの財政移転である。

3. 公会計基準の状況

(1) 基準設定状況

政府機関たるオーストラリア会計基準審議会(AASB: Australian

---

[3] Australian Bureau of Statistics (2012) より。多政府管轄団体Multi-jurisdictionalは含まない。公的部門総歳入・総歳出は、各政府間での移転収支を相殺消去しているため、各政府の総計とは合致しない。なお、カッコ内の比率は歳入歳出の単純合計に占める各政府の割合を表している。

Accounting Standards Board）が基準を設定している。

なお、基準草稿はAASBメンバーで構成される小委員会にて作成される。指針等については、AASB（解釈指針を発行、これはAASB基準第1048号「会計基準の解釈」により、会計基準と同等の強制力を有する）、連邦政府の財務・規制緩和省（各種指針を発行）及び州政府（州・地方政府の財務報告に関する指針を発行）が作成している。

なお、現在は全ての政府において発生主義に基づく会計基準が適用されており、現金主義に基づく会計基準は使用されていない。統計基準（GFS: Government Financial Statistics）とAASBの会計基準については、現在調和化（ハーモニゼーション）が進行中である（AASB基準第1049号「政府全体及び一般政府部門における財務報告」）。

セクター・ニュートラル（トランザクション・ニュートラル）について

オーストラリア、ニュージーランドにおいて特徴的な会計基準設定の考え方として、「セクター・ニュートラル」がある。

これは、民間部門・公的部門を問わず、全ての主体に対して、類似した取引又は事象（like transactions and events）については、類似した会計処理（to be accounted for in a like manner）を適用すべきという考え方[4]である。

AASBでは、一般に流布している「セクター・ニュートラル」という表現が厳密ではないとして、「トランザクション・ニュートラル」という表現に改めた（2006年2月AASBボード議事録より）。トランザクション・ニュートラルという用語により、取引又は事象ごとに適用する考え方であることを明確にしている。

---

4) AASB Policies and Processes第39項より。ただし、この考え方は、会計上の概念と整合し、財務諸表利用者のニーズを満たしている限りにおいて適用される（同第40項）。なお、IFRSからの修正方法については、一定のルールに従って行っている（AASB and FRSB (NZ) (2009)）。

(2) 適用状況

発生主義導入までの状況

1991年までは連邦政府及び州・地方政府とも、基金会計をベースとした現金主義又は修正発生主義を適用していた。例えば、連邦政府においては、連邦政府憲法において税の徴収や連邦政府の借入れ、州政府等への補助等の連邦政府の権利義務を規定し、1901年会計検査法において、財務大臣による毎月の現金収支の報告と、毎年の連邦政府の3つの基金(統合歳入基金(いわゆる一般会計)、貸付基金(いわゆる投融資的会計)、信託基金)の現金収支の報告並びに各省庁及び政府機関による毎年の財務報告の作成を規定し、詳細については、財務大臣が作成する指針に従って作成していた[5]。

1991年以降、連邦政府は漸進的に発生主義を導入、個別省庁の財務諸表(オーストラリア会計基準(AAS)第29号)については1995年度(1992年から3年間のパイロットプロジェクト実施)に、政府全体財務諸表(AAS第31号)については1999年度に発生主義へ移行した(1996年から3年間のパイロットプロジェクト実施)[6]。

州政府においては、全州においてAAS第29号による省庁別財務諸表が1996-97年度までに、北部準州[7]を除く全州においてAAS第31号による政府全体財務諸表が1997-98年度までに導入されている[8]。

地方政府においては、AAS第27号が1991年に公表され、5年の移行期間中に、資産評価(特にインフラ資産について新たに資産登録し、当初測定額を決定する必要があった。)が行われた。

---

[5] 建設省建設政策研究センター(1998)より。なお、連邦政府の公的法人(Statutory Authority)、一部の州の公債発行事業(水道等)については当時から完全発生主義を適用していた。

[6] AAS第29号は全政府省庁に対し、1995-96年度からの適用を求めていた。また、AAS第31号も同様に1998-99年度から適用しなければならないとしていた。

[7] 北部準州は2008年6月期からAAS第31号(2008年当時はAASB基準第1049号に改訂された)に準拠した政府全体報告を行った。2007年6月期まで、準州会計検査院は、政府全体報告がAAS第31号に準拠していないことから不適正意見を出していた。

[8] 関連する財務管理法は各州政府で規定している。最も発生主義導入の早かったのがニューサウスウェールズ州であり、個別・連結とも、1990-91年度に導入している(建設省建設政策研究センター(1998)より)。

IFRS移行（2006年）当時の状況

2006年のIFRS移行においては、AASB第1047号（IFRSと同等の基準の適用における影響に関する開示）、AASB第1号（IFRS第1号「初度適用」と同等の基準）によってサポートされた[9]。

また、AAS第27号、第29号及び第31号は、IFRS移行を契機に改訂され、現在はAASB第1049号「政府全体の財務報告」やAASB第1050号「省庁別財務諸表」等において公的部門特有の事項が規定されている。

現在の適用状況

AASBが、政府全体財務諸表を作成する連邦、州・地方政府及び一般政府セクター（GGS: General Government Sector）に適用される会計基準を設定している[10]。

なお、連邦政府財務諸表の注記において報告主体は、①（オーストラリア政府が支配している）政府省庁、②立法機関、③法で規定された機関（prescribed agencies）、④連邦当局、⑤連邦持分有限会社及び⑥連邦政府が支配している連邦保証有限会社[11] から構成されるとしている。

その他の全ての公的機関も、AASBの基準・指針に従うことが、関連する法令において定められている。

連邦政府、州・準州政府及び地方政府が、各政府単位で政府全体財務諸表（Whole of Government Accounts）を作成している（連邦、州及び地方の合算は行っていない。）。

財務諸表等の作成・提出に関する手続

連邦政府財務諸表は連邦財務大臣が作成し、連邦会計検査院に提出される。連邦会計検査院は監査終了後、財務諸表・監査報告書の写しを連邦議会両院に提出する（1997年財務管理及び責任法第55条(1)、同法第56条(1)、同条(4)）。財務諸表は、会計年度（7月～6月）終了後可能な限り速やかに提出しなけ

9）AASB現地入手資料と担当者へのヒアリングより。
10）AASB Policies and Processes第20項(b)
11）2011年6月期オーストラリア連邦連結財務諸表注記1.25

ればならない。期末日後5か月以内に連邦会計検査院に提出できない場合、連邦財務大臣は連邦議会でその理由を説明する必要がある（同法第55条(3)）。予算書（FBO: Financial Budget Outcome：統計基準に基づくもの）は9月、連結財務諸表（CFS: Consolidated Financial StatementsAAS第31号「政府による財務報告」に基づくもの）は11月に提出されている。

　州政府について、ビクトリア州を例にとれば、会計年度（7月〜6月）終了後、同年9月20日までに、州財務金融大臣から州会計検査院に財務諸表が提出され、州財務金融大臣から州議会に対して、10月15日までに監査済み財務諸表が提出される（ビクトリア州1994年財務管理法第24条(3)、同法第27D条(3)）。ビクトリア州管轄下の地方政府では、期末日（6月末）後3か月以内（又は地方政府担当大臣が延長を認めた場合はその期限まで）に財務諸表を州地方政府担当大臣に提出する（同法第131条(6)）。

(3) 監査の状況

　財務諸表に対しては、連邦及び全ての州において監査が義務付けられているが、統計基準（GFS）に基づく報告に対しては、州によって異なる。なお、ビクトリア州では、統計報告にも監査が適用されている。

　連邦政府に対しては、連邦会計検査院が、州に対しては、州会計検査院が、地方政府に対しては、州会計検査院又は民間会計事務所が、それぞれ監査を行う[12]。

　オーストラリアには3つの会計士団体、ICAA（オーストラリア勅許会計士協会）、CPA Australia（オーストラリア会計士協会）、IPA（オーストラリア公共会計士協会）があり、全体で37,000〜38,000人が登録している。オーストラリア外の会員数が伸びているため、国内で公会計に従事する会計士の割合が減少している（全会員の15％〜20％が公会計に従事）。中央政府や

---

[12] 例）州政府の監査については、ビクトリア州1994年監査法第8条(1)を、（州政府の管轄下にある）地方政府の監査については、ビクトリア州1989年地方政府法第3条を参照。

地方の監査（会計検査院等）においては、民間の会計士に一部外注されている。

公会計基準設定の在り方

4．基準設定主体の基礎情報

> オーストラリア会計基準審議会（AASB: Australian Accounting Standards Board）はオーストラリアにおける会計基準を設定する唯一の団体である。その運営状況については、財務報告評議会（FRC: Financial Reporting Council）が監視している。
>
> 特徴的であるのは、「セクター・ニュートラル（正確にはトランザクション・ニュートラル）」の考え方である。IFRSをベースにオーストラリア特有の条項を追加した、オーストラリア会計基準（AASB基準）を企業会計・公会計共に適用している。ただし、公的部門特有の領域については、独自規定を設けている。
>
> 公会計特有の領域を検討する際は、IPSASを参考としている。また、基準を補足するガイドライン等は、連邦政府及び州政府が作成・指導している。

(1) 設立の経緯と歴史的変遷

公的機関の債務問題や会計スキャンダルに対応するため、ASCPA（現CPA Australia）とICAAにより、AARF[13]下の審議会（Board）として、公的部門会計基準審議会（PSASB:Public Sector Accounting Standards

---

13) AARF: Australian Accounting Research Foundation（オーストラリア会計調査財団）。ASCPAとICAAにより設立された財団で、会計基準・財務報告等に関する調査、助言等を行う。

Ⅴ　オーストラリア

Board) が設置された (1983年)。

　AASBの設定する企業会計基準とPSASBの設定する公会計基準は重複が多く非効率とされたため、連邦法務大臣を中心に連邦政府、州政府等及び会計士団体等が参加して、両者の統合を検討するワーキンググループが組成された (1992年)。1993年当時のコメントでは統合に前向きであったが、統合後の組織の財源問題、設定する会計基準の適用の問題等の議論が進まず、統合は実現しなかった。

　その後、1997年大蔵省[14]は会社法経済改革プログラム[15]の一環として、国際会計基準との調和を図ることを目的としてAASBとPSASBを統合し、オーストラリア会計基準委員会を創設することを提案した[16]。

　当該提案を受けて、オーストラリア証券投資委員会法が改正されたことにより、2000年AASBが改組され、PSASBはAASBに吸収された[17]。この結果、オーストラリアにおける全ての会計基準設定をAASBが担当することとなった (図表34　オーストラリアにおける会計基準設定主体の変遷を参照)。

(2)　役割と権限

　FRC、AASBとも、オーストラリア証券投資法第12章に定める連邦政府機関 (独立法定機関) である[18]。AASBの主務大臣は年金及び会社法担当大臣である。

　基準、指針は全てAASBが作成する (なお、草稿はAASBメンバーで構成される小委員会にて作成される。)。

---

14) 連邦政府には、the Treasury (財政政策等大局的な職務を遂行) と the Finance and Deregulation Ministry (各種指令の発出等、行政機能遂行が中心) の両者が存在するため、前者を大蔵省、後者を財務省と訳出している。
15) Commonwealth of Australia (1997)
16) 建設省建設政策研究センター (1998)
17) 以前から、AASBとPSASBは、共通のテクニカルスタッフ・事務局 (AARFのスタッフ) により運営されていたため、運営面で特に混乱はなかったとのこと (AASBよりヒアリング)。
18) 2000年の改組が行われるまで、AASBは従前の組織 (ASRB) の性質 (＝関係閣僚評議会が設置した組織) を引き継いでいた。関係閣僚評議会は、公式合意により設けられたものであり、連邦と州の会社法と証券業の規制について行政上の責任を有する大臣により構成されていた。

指針等については、AASB（解釈指針を発行。AASB第1048号第11項により、基準と同様の扱いを受ける。）、連邦政府の財務・規制緩和省（各種指針を発行）、州政府財務省（州、地方政府の財務報告に関する指針を発行）がそれぞれ行う。

企業会計と公会計でAASBの基準設定権限に関する規定が異なる。
連邦政府・州政府は、財務大臣指令等により個別にAASB基準の採用を決定している[19]。したがって、AASB基準が自動的に連邦、州政府等公会計基準となるわけではない。
会社法が適用される主体に対しては、会社法第334条(1)において、「AASBが立法的文書として会計基準を設定することができる」とし、AASBが基準設定権限を有する旨規定している。オーストラリア証券投資委員会法第227条(1)(b)においても、AASBの機能の1つとして会社法第334条における会計基準設定を挙げている。

(3) 活動監視

FRCがAASBを監視している。FRCの主な権限は、①AASBメンバー（議長を除く。）の任命、②AASBのプロジェクト優先順位、事業計画、予算、資金調達及びスタッフについての取決めの承認・監視及び③AASBの広範な戦略的方向性の決定である。ただし、FRCは特定の基準設定をAASBに指示したり、AASB基準を否認したりすることはできない（2001年オーストラリア証券投資委員会法第225条(5)、(6)）。

5．資金調達

連邦、州・準州が主な資金提供団体である。その他、証券取引所や士業団

---

19) 例えば、連邦政府について、財務報告に関する財務大臣指令第8.2項を参照。州政府においても同様の指令が出されている。

体からも資金拠出を受けている。資金拠出はいずれも強制的なものではなく、任意契約でなされている。

図表30　AASBの資金調達　内訳

(単位：千豪ドル)

資金拠出団体	金額	備考
連邦政府	3,846	増加傾向
州及び準州政府	500	増加傾向
証券取引所	100	
出版等	194	
その他	85	
合　　計	4,725	

(出典)　AASB（2012b）の包括利益計算書及びAASB担当者からのヒアリングに基づき作成。

6．人員構成

(1)　FRC、AASBボードの構成

FRC

FRCメンバーは議長含め大蔵大臣（the Treasurer[20]）が任命し、任期も大蔵大臣が定める。議長・副議長も大蔵大臣が決定する（オーストラリア証券投資委員会法第235A条(1)、(3)）。FRCメンバーは、利害関係者の指名した者から構成される。利害関係者の関心を反映するための組織であるため、メンバーの出身母体からの独立性確保は特に考慮されない。メンバーは、全員非常勤であり、会議出席の都度、大蔵大臣の定める報酬（755豪ドル／日）を受領する[21]。人員構成は以下のとおりである。公務員委員8人及び民間専門家委員8人（図表31※印）、XRB議長から構成される。

---

20) 連邦政府には、the Treasurer（財政政策等大局的な職務を遂行）とthe Finance Minister（各種指令の発出等、行政機能遂行が中心）の両者がいるため、前者を大蔵大臣、後者を財務大臣と訳出している。
21) Australian FRC, "Guidelines for Payment of Fees for Attendance at Meetings of FRC Committees（FRC委員会出席報酬に関するガイドライン）"より。

図表31　FRCメンバー構成

構成（出資母体）	人数
※会社経営者（議長、副議長）	2人
※職業会計士	3人
連邦・州財務長官	2人
証券規制者 （証券投資委員会副委員長、連邦財務省市場グループ長、証券取引所最高法務責任者、健全性規制当局メンバー）	4人
AASB議長	1人
ニュージーランド会計基準設定主体（XRB[22]）議長	1人
※コンサルタント	1人
※投資家	2人
連邦政府監査基準委員会メンバー	1人
合　　計	17人

（出典）Australian FRC（2012）に基づき作成。

AASB

　AASBボードメンバーについては、個人の資質・経験を最優先しながら、議長はFRCメンバーから大蔵大臣が任命し、他のメンバーはFRCがFRC指名委員会の推薦を考慮して任命する[23]。任期は通常3年であり、2期目については、FRCは他の募集を経ずにAASBメンバーの再任を承認できる。3期目については、再度公募することが必要である。したがって、最長3期務めることができる。

　議長を除き非常勤であり、メンバーの年間従事時間は300時間程度である（会議への出席時間と、前後の準備時間等を含む。）。なお、AASB議長については、営利団体兼務を禁止されているが、それ以外のボードメンバーは認

---

22) XRB: External Reporting Board（外部報告審議会）。ニュージーランドの会計基準設定主体である（基準設定権限はXRBの内部組織であるNZASB: New Zealand Accounting Standards Board（ニュージーランド会計基準審議会）へ委譲している。）。
23) 任命権限について、オーストラリア証券投資委員会法第236B条(1)、(2)。また、任期については、5年以内の期間を選任文書に定める（オーストラリア証券投資委員会法第236B条(5)）。指名に当たっては、メンバーの専門領域や出身機関のバランスも考慮している。

められる。会議は1回当たり1～2日間であり、年間10回程度開かれる。会議出席の都度、FRCの定める報酬（896豪ドル/日）を受領する[24]。

AASBは政府機関であるが、CEOを兼務する議長のみが公務員であり、他は非公務員とし、柔軟な人員採用を行うことを可能にしている。人員構成は以下のとおりである。公務員委員4人、民間専門家委員（図表32※印）9人、NZASB議長の計14人から構成される。

図表32　AASBメンバー構成

構成（出身母体）	人数
議長	1人
副議長（連邦会計検査院）	1人
※副議長（職業会計士）	1人
※職業会計士（BIG 4から）	3人
州政府関係者	2人
※経済界	1人
※コンサルタント	1人
※投資家	1人
※非営利団体	1人
ニュージーランド会計基準設定主体（NZASB）議長	1人
※学者	1人
合計	14人

（出典）AASB（2012b）に基づき作成。

(2) タスクフォースの構成（FRC）[25]

現在FRCは5つのタスクフォース（統合報告、複雑性対応、会社役員の教育、監査品質、公的部門の財務報告）を組織している。タスクフォースメンバーは、FRCが任命する。FRCのメンバー以外もタスクフォースに加わることができる。

---

24) FRCによるAASB選任関連文書（Appointments to the AASB）より。当該文書はFRCウェブサイトにて公開されている。
25) Australian FRC（2012）

タスクフォースは平均3人から5人で構成される（最大7人）。メンバーの任期はプロジェクト期間に一致する。タスクフォースメンバーには、報酬は支払われない（FRCメンバーとしての報酬以外の報酬はない。）。

(3) 委員会（Committee）の構成（AASB）

複雑かつ重要なプロジェクトについては、AASBメンバーによる小委員会を利用する。各小委員会の人員は平均4人であり、AASBメンバー（非常勤）のみで構成される。メンバーの任期はプロジェクト期間に一致する。委員会メンバーには報酬は支払われない（AASBメンバーとしての報酬以外の報酬はない）。

進行中のプロジェクト成果報告は、外部委員を含むアドバイザリーパネルにより評価される。

(4) 事務局スタッフの構成

FRC

大蔵省市場グループの公務員が事務局を担当している。

AASB

AASBウェブサイト等を利用してスタッフを公募している。事務局は、テクニカルスタッフ（議長含む。）18人[26]、管理スタッフ8人の計26人から構成される。テクニカルスタッフは公的機関、学者、民間企業等出身者から構成され、在職期間は各人により様々である（1年～25年）。スタッフは全員非公務員であり、原則として常勤である。

なお、テクニカルスタッフのうち1人がIASBへ、1人がUKASB（イギリス会計基準審議会）へ出向中である。

スタッフの給与については、外部機関（民間会計事務所、大学等）とのバランスを考慮し決定している。

---

26) 議長を含む15人が常勤で3人が非常勤である。

7．基準設定方法

(1) 基準設定テーマの選定方法

　FRCがAASBのプロジェクト優先順位等を諮問している。なお、FRCはAASBの広範な戦略的方向性を決定することができる（2001年オーストラリア証券投資委員会法第225条(2)(c)）。当該決定は過去に2回行われた。2005年の「IFRS適用に向けて（2002年発令）」と、「統計基準と会計基準との調和について（2003年発令）」である。

　会計基準等の個別の検討対象（アジェンダ）の選定はAASBの議決により行う。

(2) 基準設定のデュー・プロセス

　①論点の識別（Identifying a technical issue）
　②議題への上程（Adding issue to the agenda）
　③論点整理（DPs）、公開草案（EDs）、コメント招請（ITCs）等[27]
　④利害関係者からのヒアリング（ラウンドテーブル、フォーカスグループ、プロジェクト諮問パネル、解釈指針諮問パネル）
　⑤基準・解釈指針[28]の公表

8．基準設定主体と政府機関等との関係

(1) 独立性担保方法

　FRCはAASBに特定の基準設定等を指示する権限を有しない（オーストラリア証券投資委員会法第225条(5)）。また、FRCはAASB設定基準に対する拒否権を有しない（同条(6)）。

---

27) 公開期間はその都度決定しているが、どのコメント公募文書も、最低でも30日間の公開期間を確保する慣例となっている（AASBよりヒアリング）。
28) 反対意見は結論の背景末尾に記載される。

(2) 基準の法的位置付け

各政府所管大臣の指令によりAASB基準に強制力を付与している。

すなわち、連邦政府では、財務大臣指令第8節において、AASBの公表した会計基準とその解釈指針に強制力を付与している。

州政府では、例えば、ビクトリア州においては、財務金融大臣指令4.2において、各省庁・公的機関（public body[29]）等が、財務諸表をAAS及びAASB基準に準拠して作成しなければならないことを規定している。また、地方政府（ビクトリア州管轄下の例）では、1989年地方政府法第131条(3)(a)において、2004年地方政府規則（財務及び報告）に規定する方法及び様式により財務諸表の作成が義務付けられている。同規則第13条において、現行オーストラリア会計基準に準拠すべきことが規定されている。

(3) 企業会計基準設定主体との関係

AASBにおいて、企業会計基準と公会計基準両方の設定を行っている。

9．基準設定主体の必要性

(1) 設置当時の社会環境等[30]

連邦政府では、イギリスの経済衰退及びEEC加盟や石油危機等により、経済状態が悪化し、1970年代後半から財政赤字が増加してきた。行政の効率化を目指して各種改革がなされる中、政府会計の不透明性[31]が政治的な議題に上がった。1976年、連邦政府により設置された「オーストラリア政府管理に関する王立委員会（Royal Commission on Australian Government Administration）」が発生主義の導入について提言を行った。

---

[29] public body：ビクトリア州1994年財務管理法第3条において、(a)州の法定機関、(b)州立事業会社又は1992年州営企業法における州立主体、(c)その他州法又は州総督若しくは大臣により設立された主体でビクトリア州1994年財務管理法第7章の適用を大臣が宣言した主体をいう。
[30] 本節は、建設省建設政策研究センター（1998）と、田中（2011）によっている。
[31] 当時、特に、年金及び軍隊の将来債務を適切に計上していないとの批判が強かった（AASBからのヒアリングによる。）。

Ⅴ　オーストラリア

　1983年にホーク労働党政権が誕生した後、連邦上院議会常設委員会（行財政運営に関する委員会）や、ニューサウスウェールズ州、ビクトリア州議会においても同様の提言がなされた。以上の動きとほぼ時を同じくして、AARFの中に、民間向けのAcSBと公的機関向けのPSASBが設立された。

　1980年代後半、オーストラリア経済は急速に回復したが、1990年代に入ると景気後退が進み、1987年～1990年度まで維持していた財政黒字も1991年度からは再び赤字となった[32]。1996年には、1983年より続いた労働党政権が瓦解し、ハワード自由・国民党保守連立政権が成立した。ハワード政権は、労働党政権の行政改革を総括し、新たな政策を打ち出すために、国家監査委員会（NCA: National Commission of Audit）を立ち上げた。NCAは同年報告書を大蔵・財務両大臣あてに提出した。この報告書において、政府部門全般の業務見直しや発生主義予算の導入（1998-99年度から発生主義予算によること）が提言された。これを受け、翌年、財政管理及び責任法、会計検査院長法、連邦政府機関及び会社法が成立した。

　4．(1)において触れた大蔵省による1997年の会社法経済改革プログラムは、上記ハワード政権における改革の一環として行われ、2000年に企業会計基準設定主体（AASB）と公会計基準設定主体（PSASB）の統合が実現し、現行AASBとなった。

(2)　現状認識と今後の方向性

　2013年度から開示項目の簡素化を認めるRDR（Reduced Disclosure Requirements）の適用を開始する予定であるが、公的機関に対する適用については、未定である。

---

32) ハワード政権へ交代する前の1995年には、連邦下院・上院議会の公会計合同委員会（JCPA: Joint Committee of Public Accounts、現JCPAA: Joint Committee of Public Accounts and Audit）でも、発生主義会計の導入と発生主義予算の導入が提言された（JCPA (1995)）。

10. 基準設定主体の国際戦略等

(1) IPSASBとの連携の方法、問題意識[33]

AASBはIPSASBのCPやEDにコメントを提出している。また、AASBは、IFRSについて公的機関向けに修正したり、新基準（例えば、IPSAS第32号「サービス委譲契約：委譲者」に相当する基準）の発行を検討したりする際に、IPSASBの要求事項を検討している。

AASB議長は、IPSASB概念フレームワークにおける基準設定アドバイザリーパネルの一員である。AASBテクニカルスタッフの1人が、IPSASBのオーストラリアテクニカルアドバイザーを務めている。

(2) 他国設定主体との連携方法

オーストラリア-ニュージーランド経済緊密化協定（CER: Closer Economic Relations）を推進するために、両国の（企業）会計基準は可能な限り収斂させることとされている（特に民間企業においてIFRS強制適用となるTier1に属する企業の会計基準）。また、定期的に、NZ基準設定主体と協議を開催している。各ボード議長は相手ボードのメンバーである（Cross Appointment）[34]。

AASB議長はTTAASAG（豪NZ間会計基準及び保証基準諮問グループ）のメンバーである。同議長はアジアパシフィック会計基準設定団体の長でもあり、シニアスタッフとともに、アジア・オセアニア基準設定グループや国際会計基準設定主体に参加している。

---

33) 本節については、AASBがFRCの公的部門財務報告タスクフォースへ2011年10月に提出したコメントレターの付属文書（「オーストラリア会計基準とIPSAS」）を参照している。
34) オーストラリアFRCの議長はニュージーランドXRBのメンバーとなり、XRB議長はFRCメンバーとなる。また、AASB議長はNZASBのメンバーとなり、NZASB議長はAASBメンバーとなる。

Ⅴ　オーストラリア

(3) IFRS、IASBに対する考え、アプローチ

　特徴的であるのは、「トランザクション・ニュートラル」アプローチであり、IFRSを基にオーストラリアの特殊性を加味したオーストラリア会計基準を企業会計・公会計共に適用している。また、IFRSに対応する基準がない公会計特有の領域については、独自基準を設けている（AASB第1049号等）。IPSASについては、公会計特有の領域を検討する際の参考としている。その他の詳細な指針等は、連邦政府や州政府が作成・指導している。

図表33　連邦、州政府会計基準設定の全体像

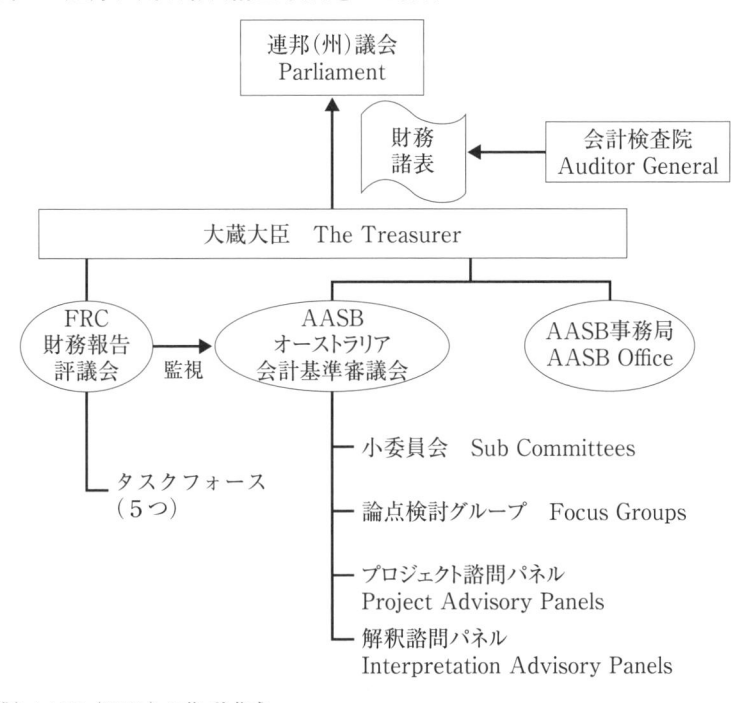

```
                        連邦（州）議会
                         Parliament
                            ↑
                          財務
                          諸表  ← 会計検査院
                                 Auditor General

              大蔵大臣　The Treasurer
         ┌──────────┼──────────┐
       FRC         AASB        AASB事務局
     財務報告   オーストラリア   AASB Office
      評議会  →  会計基準審議会
              監視
         │            │
    タスクフォース    ├─ 小委員会　Sub Committees
      （5つ）        ├─ 論点検討グループ　Focus Groups
                    ├─ プロジェクト諮問パネル
                    │   Project Advisory Panels
                    └─ 解釈諮問パネル
                        Interpretation Advisory Panels
```

（出典）AASB（2012b）に基づき作成。

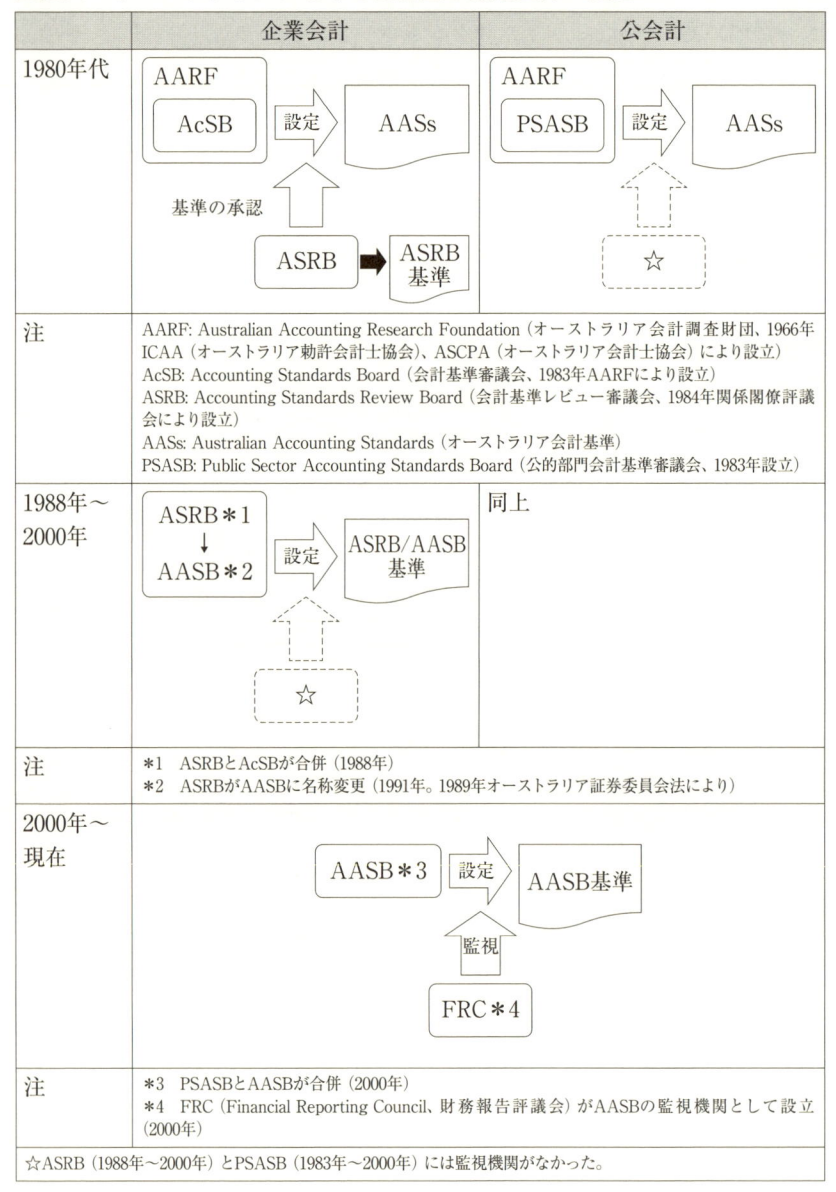

第2部 基準設定の在り方 調査報告

図表34 オーストラリアにおける会計基準設定主体の変遷

	企業会計	公会計
1980年代	AARF／AcSB →設定→ AASs ／ 基準の承認 ASRB → ASRB基準	AARF／PSASB →設定→ AASs ／ ☆
注	AARF: Australian Accounting Research Foundation（オーストラリア会計調査財団、1966年ICAA（オーストラリア勅許会計士協会）、ASCPA（オーストラリア会計士協会）により設立） AcSB: Accounting Standards Board（会計基準審議会、1983年AARFにより設立） ASRB: Accounting Standards Review Board（会計基準レビュー審議会、1984年関係閣僚評議会により設立） AASs: Australian Accounting Standards（オーストラリア会計基準） PSASB: Public Sector Accounting Standards Board（公的部門会計基準審議会、1983年設立）	
1988年～2000年	ASRB＊1 ↓ AASB＊2 →設定→ ASRB/AASB基準 ／ ☆	同上
注	＊1 ASRBとAcSBが合併（1988年） ＊2 ASRBがAASBに名称変更（1991年。1989年オーストラリア証券委員会法により）	
2000年～現在	AASB＊3 →設定→ AASB基準 ／ 監視 FRC＊4	
注	＊3 PSASBとAASBが合併（2000年） ＊4 FRC（Financial Reporting Council、財務報告評議会）がAASBの監視機関として設立（2000年）	
☆ASRB（1988年～2000年）とPSASB（1983年～2000年）には監視機関がなかった。		

138

図表35　会計基準設定主体及び関係諸団体の概要

①オーストラリア財務報告評議会（FRC: Financial Reporting Council）

No	項目	内容
1	役割	AASBに対する監視機関である（基準設定権限は有していない。）。
2	機関の特徴	組織形態：政府機関 資金調達：連邦大蔵省の予算
3	人員構成	ボードメンバー：17人 　―関係団体等から、全て大蔵大臣（Treasurer）が指名する。 スタッフ：大蔵省市場グループの職員
4	その他	FRCメンバーは全て非常勤である。 タスクフォースを設置して活動（現在は5つ）。

②オーストラリア会計基準審議会（AASB: Australian Accounting Standards Board）

No	項目	内容
1	役割	企業会計・公会計問わず、国内全ての会計基準を設定。
2	機関の特徴	組織形態：政府機関（ただし、スタッフは公務員ではない。） 資金調達：連邦が過半、その他州や証券取引所等
3	人員構成	ボードメンバー：14人 　―議長1人（常勤：元IFRIC[35]議長）、副議長（非常勤：連邦会計検査院長）及びその他のメンバー12人（全て非常勤）から構成 　―議長は大蔵大臣の指名であり、その他メンバーはFRCが指名する。 スタッフ：26人（うちテクニカルスタッフ18人及び事務局8人）
4	その他	複雑かつ重要なプロジェクトについては、AASBメンバーによる小委員会で検討。進行中プロジェクトの成果報告について、外部委員を含むアドバイザリーパネルを設置して評価する。

35）国際財務報告解釈指針委員会（IFRIC: International Financial Reporting Interpretations Committee）。IFRS財団の下部組織。

財務省が2つある？
~Department of the TreasuryとDepartment of Finance and Deregulation

オーストラリアでは、財政関連省庁が2つある。すなわち、Department of the Treasury（大蔵省）とDepartment of Finance and Deregulation（財務及び規制緩和省、以下「財務省」という。）である。もともと、両省は一体（大蔵省）であったが、1967年、予算査定機能等を切り出して財務省が設立された。

(1)Department of the Treasury（本書では「大蔵省」と訳した）
　大蔵省の長であるTreasurer（大蔵大臣）は、連邦首相に次ぐナンバー2のポスト（副首相）の地位を与えられている。大蔵省は、財政政策及び経済政策の基本方針を決定する省庁である。予算においては、徴税等歳入面での責任の他、予算の枠組み、中長期的な財政戦略について責任を負う。

(2)Department of Finance and Deregulation（財務及び規制緩和省、本書では単に「財務省」と訳した）
　財務省は、各省庁の詳細な予算見積りやアウトカム・アウトプットフレームワーク（発生主義ベース）の実施について責任を負う（以上、財政制度等審議会(2003)オーストラリアより）。

　なお、オーストラリアのヴィクトリア州では、Ministry of Treasury and Finance（財務金融省）であり、連邦のような役割分化はなされていない。

Ⅵ ニュージーランド

公的部門と公会計基準の概況

1．調査対象国の選定理由[1]

　ニュージーランドは、早い段階から公的機関（PBE[2]）に発生主義予算・決算を導入した国である（1989年より）。現在は、PBEも民間企業とともに1本の体系だった会計基準を適用する「セクター・ニュートラル」概念を採用しており、2002年には、国内唯一の会計基準としてNZ IFRS導入を決定した。

　さらに、2011年には、従前ニュージーランド勅許会計士協会内にあった会計基準設定機能を発展的に解消し、新しい会計基準設定主体（外部報告審議会）を設立した。外部報告審議会は、セクター・ニュートラル概念からの一時的離脱を模索しており、2014年よりIPSASに必要な修正を加えた新たなPBE向け会計基準に移行する予定である。

　なお、基準設定主体の性質は変遷しているものの、従前より一貫して単一の会計基準設定主体が国内全ての部門（企業会計・公会計・非営利）の会計

1）2012年9月6日～7日にニュージーランドで現地調査を行い、以下の機関・役職者に対しインタビューを実施した。
　・外部報告審議会（XRB）：事務局長（Chief Executive）
　・財務省（the Treasury）：主任会計顧問（Chief Accouting Advisor）（XRBメンバーを兼ねる。）
　・会計検査院：副検査官（Assitant Auditor-General）（NZASBメンバーを兼ねる。）
　・ニュージーランド勅許会計士協会（NZICA）：制度・品質管理執行役員（General Manager Technical & Quality Assurance）
2）PBEについては、144ページ「公益主体概念について」を参照のこと。

基準設定を行っている。

　以上のように、公会計分野において先進的な取り組みを続けるニュージーランドの公会計基準設定の在り方は、今後我が国の在り方を検討する上で重要性が高いと判断し、調査対象とした。

2．公的部門の状況

(1) 公的部門の状況

中央政府

　ニュージーランドは、イギリス女王を国家元首とする立憲君主制国家である。女王の代理としてニュージーランド総督（Governor-General）が置かれている。

　議院内閣制であり、議会は一院制である。総選挙で最も多くの議席を獲得した政党の党首が首相として選出され、ニュージーランド総督により任命される。労働党（Labour Party）と国民党（National Party）の二大政党があり、2013年5月現在は、国民党が小規模政党との連立により政権を担っている。

地方自治体

　地方自治体は二層制であり、11の広域自治体（regional councils）と61の基礎自治体（territorial authorities）から成る。

　過去、特定の業務のみを担う特定目的自治体（special purpose authority）が数多く存在していたが、数次にわたる地方自治体改革によりこれらを廃止するとともに、広域自治体及び基礎自治体を合併し、自治体の総合化と効率化を図った。基礎自治体には市（city）が11、それ以外の町村（district）が50ある。また、基礎自治体が広域自治体を兼ねる形態である「統合自治体」（unitary authority）が6つ（Gisborne、Marlborough、Nelson、Tasman、Auckland、Chatham Islands）存在している[3]。

3）Local Government New Zealand ウェブサイト http://www.lgnz.co.nz/lg-sector/ （最終閲覧日：2013年5月7日）より。

広域自治体は環境保護、防災、地域公共交通機関を担当し、基礎自治体は上下水道、道路、ごみ処理及び図書館といった業務を担当している。広域自治体が基礎自治体を指導・監督する関係ではなく、両者の事務権限が異なるという関係にすぎない[4]。基礎自治体の事務権限の範囲は狭いが、授権された範囲内では事務権限の裁量の余地が広い。

　2002年地方自治法（Local Government Act 2002）において、地方自治体とは、コミュニティ（地域）のために、コミュニティによって民主的な意思決定とそれを受けて行動すること、そして、現在、将来のために、社会的、経済的、環境的及び文化的なコミュニティの福利を向上させるものと定義されている（2002年地方自治法第10条）。

(2)　財政制度

　中央政府と地方自治体との財政規模の比率は10：1程度である[5]。我が国と比較すると、中央政府の財政規模比率が圧倒的に大きい。

　中央政府、広域自治体、基礎自治体の役割は明確に区分されている。中央政府は主に医療、教育、年金などの社会保障を担当している。財源もそれぞれに自主的に確保して運営しているため、中央政府が地方自治体を指導・監督する関係ではなく、相互に独立した関係である。

3．公会計基準の状況

(1)　基準設定状況

　1980年代半ばの経済危機を受けて、1989年公共財政法（Public Finance Act 1989）に基づき、GAAPに準拠した財務諸表の作成をPBEに求め、発生主義会計を導入した[6]。1993年にはセクター・ニュートラル概念に基づき、

---

[4] 財務省、会計検査院よりヒアリング。
[5] Treasury（2012）によると、2012年度の総費用は927億NZドルであった。なお、2010年度は810億NZドル。一方、地方自治体の2010年度総費用は71億NZドルであった。
[6] 1990年発生主義へ移行。移行状況は財務省が監督していた。

PBEに民間企業と同様のGAAPを適用した[7]。

2002年には、官民双方の会計基準としてIFRS適用を決定した。PBE特有の事項に対応するためのPBEパラグラフ等を追加したNZ IFRSが作成された。NZ IFRSへの移行は2007/08会計年度に完了した。NZ IFRSへの移行や、新しい会計基準となるPBE基準（PBE Standards）への移行は、各報告主体の責任で行われる。移行のサポートは、広い意味で財務省が行ったと言えるが、その責任は個々の報告主体に帰属する（XRBからのヒアリングによる。）。

> **公益主体（PBE: Public Benefit Entity）概念について**
>
> ニュージーランドでは、PBE概念により適用する会計基準を分けている。
>
> PBEは、NZ IFRSの各基準において、「その主要な目的が、共益又は公益のために財又はサービスを提供することであり、資金（equity）が（資金拠出者（equity holders）の投資収益を目的としてではなく）当該目的を達成させるために拠出されている報告主体」と定義されている（NZ IAS 1. NZ 8.2等）。
>
> 当該定義に当てはまる主体は公会計基準（現行はNZ IFRSのPBEパラグラフ）を適用することとなる。したがって、民間非営利法人等に対してもPBEと判定されれば、PBEパラグラフが適用される（NZ基準序文第32項）。

(2) 適用状況

中央政府

国（Crown）と省庁（Department）は明確に区別されており、国は財・サービスの「購入者」であり、省庁は財・サービスを生産している「所有者」としての性格を有している。国は、国民からの税金を財源に、より良い財・

---

[7] 1993年財務報告法第3条、2002年地方自治法第111条。GAAPの法令における規定は後述する。

サービスを安価に購入し国民へ提供するために、また、省庁は適切なコスト算定及び健全な財政状態維持のために、財務情報の開示が必要となる。

具体的には、以下について報告主体と規定している[8]。

①政府（Ministers of the Crown）
②省庁（Departments）
③政府機関（Crown Entities）
④国有企業（State-owned Enterprise）
⑤国会関連機関（Offices of Parliament）（会計検査院、オンブズマン事務局、環境委員会）
⑥ニュージーランド準備銀行（Reserve Bank of New Zealand）
⑦GAAPに基づき財務諸表の連結が要請されるその他の主体

これらを連結した中央政府全体の年次連結財務諸表（annual consolidated financial statements for the Government reporting entity）も作成する。なお、地方自治体には実質的支配権が及ばないため連結対象としていない。年次連結財務諸表の発行は財務省により承認され、例えば、2011年6月期の決算では9月末日に承認されている。

会計年度は、7月1日から6月30日までである。省庁別財務諸表は、各省庁の長が、各会計年度の決算日後2か月以内に作成し、監査を受けた後15業務日以内に下院（House of Representatives）へ提出する[9]。

地方自治体[10]

地方自治体においては、住民に対するアカウンタビリティを強化するため、財務諸表を作成し、住民に公表することとしている。

具体的には、以下を報告主体としている。

---

8) 1989年公共財政法第27条。③政府機関（クラウン・エンティティ）については、本章4.(2)の注を参照。③政府機関、④国有企業は、1993年より報告主体に追加された（1992年公共財政法改正）。Public Sector Committee（1994）より。
9) 1989年公共財政法第2条（会計年度）、第27条（年次連結財務諸表の作成義務）、第44条（財務諸表の下院への提出）
10) 2002年地方自治法第5条（報告主体の範囲と会計年度）、第21条（報告主体）、第67条（電子開示）及び第69条(2)（適用される会計基準）

①地方自治体（Local Authorities）（広域自治体及び基礎自治体）
②自治体に管理された組織（Council-controlled organizations）

会計年度は、7月1日から6月30日までである。地方自治体は国と同様の会計基準に従い財務諸表を作成しなければならない。財務諸表は各会計年度の決算日後2か月以内に作成し、監査を受けた後、決算日から3か月以内にインターネット等により住民に公表される。

(3) 監査の状況

①監査を義務付ける法律

1989年公共財政法及び2001年公監査法（Public Audit Act 2001）に基づき、中央政府及び地方自治体を含む全ての公的機関は会計検査院（Auditor-General）による監査を受ける必要がある[11]。規模の大小に関わらず、法定監査が求められている。

②監査主体

会計検査院（議会の附属機関であり、行政府から独立している[12]。）は、会計検査院長事務局（OAG：Office of the Auditor-General）、オーディット・ニュージーランド（Audit New Zealand）という会計検査院長が直接指揮する2つの内部組織で構成されている。

1992年から地方自治体の財務諸表監査業務について、競争入札制度が導入され、会計検査院の内部機関であるオーディット・ニュージーランドと外部の民間会計事務所が入札に参加していた。

競争入札制度は、監査コストの低減では一定の成果があった。しかしながら、様々な業務を実施する公的機関の監査を次々と担当することから監査人の専門性が高まらず、監査の質の低下が指摘されたため、現在は、会計検査

---

11) 1989年公共財政法第29B条、2002年地方自治法第70条及び2001年公監査法第7条及び第14条
12) 2001年公監査法第7条。従来、会計検査院は一省庁であったが、公監査法により国会関連機関に位置付けられ、行政府からの独立性が確保された。

院長が、オーディット・ニュージーランド及び民間会計事務所に、経験や地理的な条件に基づいて公的機関監査を割り振っている。獲得監査報酬総額でみると、オーディット・ニュージーランドと民間会計事務所は同程度の監査を行っている。

③監査対象

　会計検査院による監査の対象は、中央政府・地方自治体を問わず全ての公的機関を含み、省庁、クラウン・エンティティ、国有企業、国会関連機関、地方自治体及び中央銀行などが対象となる。また、政府全体の財務諸表も監査の対象であり（1989年公共財政法第30条）、地方自治体が管理する組織（Council-controlled organizations）は地方自治体の一部として、地方自治体の監査人である会計検査院の監査対象となる（2002年地方自治法第70条）。

　財務情報の他、各アウトプット・クラス[13]の業績報告も監査対象となっており、オーディット・ニュージーランド及び民間会計事務所が公的機関の財務諸表監査を担当する。中央銀行を除き、効率性・有効性監査も実施される（2001年公監査法第16条）。

④中央政府に対する監査

　中央政府の場合、会計検査院は個々の省庁等政府機関の年次決算書[14]（Annual Financial Statements）に対して、決算日から3か月以内に監査報告書を提出する必要がある（1989年公共財政法第45D条）。財務省は監査報告書と年次決算書を財務大臣へ提出し（同法第43条）、大臣はこれらを15日以内に下院へ提出する（同法第44条）。また、監査報告書を入手してから15日以内に、各省庁は年次決算書を公表する（同法第44(2)条）。

　また、会計検査院は、政府全体の年次決算書（Annual Financial

---

13) 歳出予算項目の1つであり、類似のアウトプットを束ねたものである。財政制度等審議会（2003）より。
14) 財務諸表は年次決算書の一部である。

Statements of the Government）についても、それを入手してから30日以内に監査報告書を財務省に提出する必要がある（同法第30条）。財務省は監査報告書と年次決算書を大臣へ提出し、大臣はこれらを10日以内に下院へ提出する（同法第31(2)条）。また、監査報告書を入手してから15日以内に、財務省は年次決算書を公表する（同法第31(3)条）。

⑤地方自治体に対する監査
　地方自治体の場合は、会計検査院が年次決算書（Annual report）を監査した後、決算日から3か月以内にインターネット等により住民に公表される（2002年地方自治法第67条）。

公会計基準設定の在り方

4．基準設定主体の基礎情報

> 　中央政府及び地方自治体は、外部報告審議会（XRB: External Reporting Board）の内部組織であるニュージーランド会計基準審議会（NZASB: New Zealand Accounting Standards Board）が作成したIFRSをベースとした会計基準である「NZ IFRS」を適用している。
> 　基準設定に当たり、XRBの内部組織であるXRBボード（XRB Board）がNZASBの基準設定活動を監視している。

(1)　設立の経緯、歴史的変遷
① セクター・ニュートラル導入前（1970年代～1993年）
　1979年、ニュージーランド勅許会計士協会（NZICA: New Zealand Institute of Chartered Accountants）は、その内部組織として、公的部門の会計について調査及び基準を審議する、会計調査及び基準審議会（ARSB:

Accounting Research and Standards Board) を設置した。また、同審議会の下に調査グループを設けた。調査グループは1981年にNZICAに対し、公的部門向け基準の必要性について提言した。

その後、調査グループはARSBの正式な委員会とされ、公会計委員会（Public Sector Accounting Committee）に改称し、1980年代末にかけて公的部門向けの基準・解釈指針等を策定・公表した[15]。

1980年代に実施された行政改革[16]の一環として、財務省は1989年公共財政法（Public Finance Act）を起草した。同法は、NZICAの設定した発生主義に基づく公会計基準をGAAPとして指定し、政府機関が準拠することを要求した。1993年セクター・ニュートラル概念が導入され、公的部門向けの基準・解釈指針は廃止された。

②セクター・ニュートラル導入から外部報告審議会設立まで（1993年〜2011年）

ARSBは財務報告基準審議会（FRSB: Financial Reporting Standards Board）と専門実務審議会に分割された。

1993年財務報告法に基づき、政府機関として、会計基準諮問審議会（ASRB: Accounting Standards Review Board）が組織され、FRSBが作成した会計基準案をASRBがレビューし、承認する体制へと移行した。

2003年のIFRS導入後は、PBE向けの規定を追加してきた。当該アプローチは当時の会計検査院長（K B Brady）等から批判があった。2009年同氏は会計検査院長としての見解を発表し、その資料の中で、現状のNZ IFRSがPBEにそぐわなくなっていることを指摘し、4つの改革案を提案した[17]。

---

15) ここまでの記載は、Devonport and Zijl（2010）によった。
16) 一連の行政改革で、公的債務を減少させ、効率性と説明責任を促進するために、政府はその規模と各省庁への関与を減少させた。行政組織を営利性のある事業とサービス提供事業に分類し、民営化への転換を進めた。
17) Office of the Auditor-General（2009）。
　　4つの改革案とは、①IFRSを修正する（enhance IFRS）、②IPSASを修正する、③IPSASを適用する及び④ニュージーランド独自基準を設定するである。各案のメリット・デメリットが比較考量されている。外部報告審議会設立後は、本改革案の「②IPSASを修正した上で適用する」方向性を目指していると考えられる。

③外部報告審議会（XRB）の設立（2011年7月～現在）

2011年、1993年財務報告法の改正法施行によりFRSBとASRBは解体し、2011年7月1日設立の外部報告審議会（XRB: External Reporting Board）にその権限及び責任が移管された[18]。すなわち、同法により、従前、FRSBとASRBが担っていた会計基準設定権限・責任は、XRBへと移管された。

なお、XRBはその下部組織であるニュージーランド会計基準審議会（NZASB: NZ Accounting Standards Board）に基準設定の権限を委譲している。

(2) 役割と権限

XRBは政府機関（クラウン・エンティティ[19]）である。

XRBは1993年財務報告法の2011年改正により設立された。同法第22条(4)において、従前のASRBの業務を承継することが、また、同条(5)において、各種法令におけるASRBへの言及箇所をXRBへ読み替えることが規定されている。さらに、同法第24条にてXRBボードの機能が定められており、草案や基準の作成、協議、成立、公表であるとされている。XRBボードはこれら法令上の権限をNZASBに委譲している[20]。NZASBの運営規約においても、この権限委譲が設立要件とされている[21]。したがって、基準及び実務指針の設定はNZASBが基準、指針及び基準等に関する説明資料を発行することにより行っている[22]。

---

18) 1993年財務報告法第22条。この組織変更は、会計基準設定主体や監査基準設定主体は職業専門家団体から独立すべきであるという国際的圧力を受けたものであった。なお、NZICAは、XRB設立のビジョンを公言しており、設立を主導した（NZICA（2010））。
19) クラウン・エンティティとは、国の行政組織から、省庁、国有企業、国会関連機関及び中央銀行を除いたものの総称である（例えば、国立病院や国立大学があげられる）。XRBは、クラウン・エンティティ法第7条(1)の独立クラウン・エンティティ（Independent Crown Entities）である。
20) 2004年クラウン・エンティティ法別表5第14条において、クラウン・エンティティは内部に委員会を組織し、その権限を委譲できる、とされている。なお、監査基準についても同様にニュージーランド監査基準審議会へ権限委譲している。
21) NZASB（2011）
22) NZASB（2011）

(3) 活動監視

基準設定主体であるNZASBに対して、XRBボードが監視を行う。監視は、定期的にXRBボードに業務内容を報告するとともに、基準作成のデュー・プロセスが適切に履行されたか、基準発行の都度、XRBボードがサインしてチェックすることをもって行われる（デュー・プロセスチェックリスト）。

政府の各省はガバナンス、財務業績及び政策的展望の観点からXRBを監視している。

5．資金調達

XRBは国からの予算措置により運営されている。議会で承認された年度予算に基づき、納税者からの税金によって賄われる。財務諸表作成に関わる財務省からの独立性を担保するため、予算交渉と予算措置は商務省（正式名称は「ビジネス、イノベーション及び雇用省」）との間で実施している。なお、資金拠出源として、今後は関係組織からの負担金（財務諸表の登記費用に上乗せして徴収する。）も検討中である[23]。

運営資金の拠出源は、以下のとおりである。

図表36　XRBの資金調達　内訳　　　　　　　　　　　　　（単位：NZドル）

税金	4,410,000
利子収入	38,529
合　　計	4,448,529

（出典）XRB2012年度予算（XRB（2011d））に基づき作成。

6．XRBボード、NZASBの人員構成

XRBは①XRBボード、②NZASB、③監査基準審議会、④事務局[24]及び⑤外部報告諮問パネルから構成されており、それぞれの主な役割は以下のとお

---

23) XRBよりヒアリング。
24) ①～④については、http://www.xrb.govt.nz/Site/about_us/organisational_structure.aspxを参照（最終閲覧日：2013年5月7日）。

りである。

①XRBボード：外部報告審議会全体の意思決定・戦略決定、ガバナンス（監視）を担当
②NZASB：会計基準設定権限をXRBボードから委譲されている。
③監査基準審議会（NZAuASB: New Zealand Auditing and Assurance Standard Board）：監査基準設定権限をXRBボードから委譲されている。
④事務局
⑤外部報告諮問パネル（XRAP: External Reporting Advisory Panel）
:XRBから独立して利害関係者の意見を幅広く取り入れるために活動

上記②及び③への基準設定権限の委譲は、①XRBボードが決定することができる。また、ボードの意思決定で組織変更を行うことが可能である[25]。

(1) XRBボードの構成等

XRBボードのメンバーは商務大臣（The Minister of Commerce）の推薦に基づき、ニュージーランド総督により任命される[26]。全員非常勤であり、報酬当局（Remuneration Authority）で決定している報酬基準に従って謝礼が支払われる（2004年クラウン・エンティティ法第47条(1)(b)(i)）。これは、大手民間会計事務所や大手弁護士事務所の給与と比べると少額である。また、公務員メンバーに対しては支給されない。なお、1年に約7回の会合がある。1回当たり1日間開催される。任期は5年である。メンバー構成は図表37のとおりである。公務員委員1人、民間専門家委員（図表37※印）7人及びオーストラリアFRC議長の計9人から構成される。

---

25) XRBよりヒアリング。
26) http://www.xrb.govt.nz/Site/about_us/XRB_Board/default.aspx（最終閲覧日：2013年5月7日）

図表37　XRBボード構成

構成（出身母体）	人数
※議長（大学教授でありオーストラリアFRCのメンバー）	1人
※民間会計事務所（うち1人はNZASBの議長）	3人
※コンサルタント（NZAuASBの議長）	1人
財務省	1人
※投資アナリスト	1人
※弁護士	1人
オーストラリアFRCの議長	1人
合　　　計	9人

（出典）XRBウェブサイトhttp://www.xrb.govt.nz/Site/about_us/XRB_Board/XRB_Board_Members.aspx（最終閲覧日：2013年5月7日）に基づき作成。

　委員は出身母体の意見を反映する趣旨で招かれている。独立性を保持していれば兼務も可能であるが、意思決定に当たり、利害の対立など独立性を損なう事項があれば、委員は申告しなくてはならない。

(2)　NZASB等の構成等

　NZASB、NZAuASBはXRBボードのサブボードであるとされ、NZASBメンバー、NZAuASBメンバーとも、XRBが指名委員会の指名を考慮して任命する[27]。NZASBメンバーは全員非常勤であり、構成は図表38のとおりである。公務員委員3人、民間専門家委員6人（図表38※印）及びAASB議長の計10人から構成される。

　任期は3年であるが、設立最初期は経過措置として2年から4年の間で指名している。これは審議の継続性を確保するためであり、全体の3分の1以上のメンバーが同時期に任期を満了することがないように配慮している。

　委員には報酬当局（Remuneration Authority）で決定している報酬基準に従って謝礼が支払われる。これは、大手会計事務所や大手弁護士事務所の

---

[27] http://www.xrb.govt.nz/Site/about_us/NZASB_Board/default.aspx（最終閲覧日：2013年5月7日）

給与と比べると少額となる。また、公務員メンバーに対しては支給されない（以上、XRBボードと同様）。1年に約10回の会合がある。1回当たり1日間開催される。

委員は出身母体の意見を反映する趣旨で招かれている。非常勤である。独立性を保持していれば兼務も可能であるが、意思決定に当たり、利害の対立など独立性を損なう事項があれば、委員は申告しなくてはならない。

なお、必要に応じて小規模な委員会やワーキンググループを設立する。ワーキンググループにはボードメンバーや各セクターの代表が参加する。

図表38　NZASBボード構成

構成（出身母体）	人数
※議長（PwCパートナー）	1人
※民間会計事務所	1人
※民間企業（銀行財務マネジャー、事業会社連結担当マネジャー、コンサルティング会社社長）	3人
※学者	1人
自治体	1人
会計検査院	1人
財務省	1人
AASB（オーストラリア会計基準設定主体）議長	1人
合　　　計	10人

（出典）NZASBウェブサイトhttp://www.xrb.govt.nz/Site/about_us/NZASB_Board/NZASB_Board_Members.aspx（最終閲覧日：2013年5月7日）に基づき作成。

(3) 外部報告諮問パネル（XRAP）[28]

外部報告諮問パネル（XRAP: External Reporting Advisory Panel）とは、基準関係者との重要な公約を機能的に実行するとともに、利害関係者の意見を確実に基準設定過程に取り入れるため、XRBに設置された戦略的組織である（2011年12月XRBボード決定）。

---

28) http://www.xrb.govt.nz/Site/Financial_Reporting_Strategy/External_Reporting_Advisory_Panel.aspx（最終閲覧日：2013年5月7日）

XRAPは、XRBボードやその他2つの委員会とは独立して活動する。XRAPの目的は、これらが職務遂行に当たり影響を受ける企業や個人と協議する場を提供することであり、外部報告諮問パネルの役割は、基準設定のプロセスにおいて、関係者の声を反映することである。メンバーは大企業、中小企業、中央政府、地方自治体、監査役、株主など多岐にわたる。会合は1年に2回開かれる。

(4) 事務局スタッフの構成

　事務局スタッフは、新聞やウェブサイトにより公募している[29]。15人在籍しており、ウェリントンとオークランドの2箇所に拠点をもつ。事務局長と3人の主任研究員（会計基準チーム、監査・保証基準チーム、プロフェッショナルサポートチーム）が経営陣である。会計基準チームは1人の主任研究員の下、7人が所属している。監査・保証基準チーム及びプロフェッショナルサポートチームはそれぞれ1人の主任研究員の下、2人が所属している[30]。主任研究員はXRBの財務マネジメント及び事務管理を行う。

　職員はほぼ全員が常勤であり、公務員である[31]。現在の事務局の主要メンバーはFRSから移ってきている。給与水準は他の会計事務所と同等の給与水準である。

7．基準設定方法

(1) 基準設定テーマの選定方法

　XRBボードは戦略的優先順位や業務の範囲（パラメータ）をNZASBに示しているため、NZASBはIASBとIPSASBより発行される基準で考慮すべき事項があるかどうか、及びXRBボードから示された優先事項であるPBE基

---

29) XRBよりヒアリング。
30) http://www.xrb.govt.nz/Site/about_us/Staff/default.aspx（最終閲覧日：2013年5月7日）
31) XRBへのヒアリングによれば、公務員も各人が雇用者と個別に雇用契約を結ぶため、XRBへの組織変更の際も特に問題はなかったとのこと（雇用条件も個別交渉である）。

準に適用すべき事項かどうかを専門的に判断し、テーマを選定する[32]。

(2) 基準設定のデュー・プロセス[33]

①NZASBが草案（ED: Exposure Draft）を作成し、3か月間の公開期間を設けてコメントを募集する。内容が複雑な場合は3か月以上の期間を設けることもある。緊急を要する場合でも最低1か月は公開期間を設ける。

②コメントもウェブサイトで公開する。

③コメントを踏まえ、基準を承認する。

④基準発行に必要な手続を適切に遂行したことを概説するメモをXRB ボードに提出する。

⑤XRB ボードがその内容に満足した場合は、NZASBが基準を発行することを認可する。

⑥基準が発行されてから16日以内に議会へ提出する。

⑦基準は法規制（Regulation）として扱われ、議会で承認される[34]。

草案、基準及び指針等の発行は、全てのメンバーの3分の2以上で可決、その他については過半数（出席者数ではない。）[35]で可決される。コメント公募により受領したコメントについては、議事録に記録するとともに基準作成の際考慮することとなっているが、現在のところ、反対意見が基準作成に影響を及ぼしたことはない[36]。

利害関係者の意見を確実に基準設定過程に取り入れるため、XRAPを設置したほか、公開会議やボードの議題や議事録をインターネット上に公開することによって、透明性を高めている。

---

32) XRBよりヒアリング。
33) XRB（2011c）section 24-37
34) この仕組みは1993年にできたものであり、現在まで、議会は1度も提案された基準を否決したことはないとのこと。XRBよりヒアリング。
35) NZASB（2011）
36) XRBよりヒアリング。

8．基準設定主体と政府機関等との関係

(1) 独立性担保の方法

　XRBは、2004年クラウン・エンティティ法における独立クラウン・エンティティとされており（1993年財務報告法第22条(2)クラウン・エンティティ法第7条）、基準設定に当たり政府の政策からの独立性が担保されている[37]。また、1993年財務報告法第25条では、独立して行動しなければならないと規定されている。

　財務諸表作成に関わる省庁（財務省）からの独立性を担保するため、資金源は財務省ではなく商務省である。また、議長の人事権を財務省は持っていない。

(2) 基準の法的位置付け

中央政府

　1989年公共財政法（2004年改正）第27条等において、中央政府の財務諸表は全てGAAPに準拠して財務諸表を作成しなければならないと規定されている。GAAPの内容については、同法第2条定義規定において、民間企業のGAAP（1993年財務報告法第2条の「承認された財務報告基準[38]」）と同等である旨、規定されている。

　承認された財務報告基準に対応する規定がない場合で、その他適用される法令もない場合は、①国若しくは省庁、議会又は政府機関にとって適切で、かつ、②ニュージーランドの職業会計専門家による正式な支持を得た会計方

---

37) クラウン・エンティティ法に定める法定エンティティ（Statutory Entity）は他にCrown agentとautonomous Crown entityがあるが、これらとは異なり、以下の点で独立性が強化されている。

独立性強化項目（根拠条文）	独立クラウン・エンティティ	他のエンティティ
人事上の独立性（第28条(1)）	総督が任命	担当大臣が任命
法定任期（第32条(1)）	5年	3年
解任（第37条〜39条）	総督が行う	担当大臣が行う
報酬（第47条(1)）	報酬当局が決定した報酬基準	担当大臣が報酬枠組みに従って決定した報酬基準

針がGAAPとされる（1989年公共財政法第2条(1) GAAP定義の項(b)）。
地方自治体
　2002年地方自治法第111条(1)において、GAAPに準拠して財務諸表を作成しなければならない旨が規定されている。GAAPの定義については、中央政府と同様の規定が2002年地方自治法第5条第1項のGAAP定義条文に存在する。

(3)　企業会計基準設定主体との関係
　企業会計基準設定と公会計基準設定は同一組織により行われている。

(4)　その他政府機関との関係
　XRBはクラウン・エンティティであるため、旅費規定やクレジットカードの使用などの行政事務に関して政府の方針に従わなければならない（2004年クラウン・エンティティ法第48条等）。一方で、XRBには、基準設定の役割に関して法律上の独立性が担保されている。XRBの業績は資金拠出者たる商務省によって監視される（監視機関は財務省ではない。）[39]。

---

38) 当該財務報告基準の設定権限を付与されているのは、法令上、XRBのみである（1993年財務報告法（2011年改正）第2条第1項「財務報告基準」の定義及び同法第24条を参照）。XRBは当該機能を内部機関であるNZASBに委譲している。
　　第24条(1)(a)において
　　「外部報告審議会の機能として、
　　(1)1993年財務報告法
　　(2)2004年クラウン・エンティティ法
　　(3)1989年公共財政法
　　(4)2002年地方自治法
　　(5)その他
　　の諸法令に規定されている財務報告基準を発行すること」
　　が規定されている。(2)～(4)より、民間企業の会計基準のみならず、中央政府・地方自治体向け会計基準設定権限も有していることが分かる。
39) XRBよりヒアリング。

9．基準設定主体の必要性

(1) 発生主義導入（NZICAによる公会計基準設定開始）時の社会環境等

ニュージーランドはイギリスに食肉・乳製品・羊毛などを輸出することにより経済発展を成し遂げた国である。1950年代には1人当たりGNPが世界5位となった。ニュージーランドにおいて政府の役割は大きく鉄道・電力などのインフラから、社会保障・福祉まで、幅広く政府により運営されていた。

しかし、1970年代以降、主な貿易相手であったイギリスがECに加盟しヨーロッパ諸国との関係を強めたため農産物輸出額が激減し、またオイルショックが貿易収支に追い打ちをかけ、ニュージーランドは財政破綻の危機に陥った。財政危機に対応するため、70年代末にかけて、政治家、会計検査院等から、政府にも発生主義会計を導入すべきとの主張がなされた[40]。同時期に、NZICAの下に公会計に関する調査グループが組成されている（4．(1)を参照）。

1984年にロンギ労働党政権が誕生すると、政党主導による公共部門の大規模な改革を行った。「大きな政府」が財政破綻の原因であるとして、「小さな政府」に抜本的に転換し、政府活動の効率化を図る手段として民間の経営手法を公的部門に導入した。①中央官僚の削減、②電信電話、鉄道、電力及び国有林などの国営企業の民営化、③大学と国立研究所の法人化といった行政改革を実施した[41]。また、適切な財政状況を把握するため、1989年公共財政法により発生主義会計を導入した[42]。

(2) 現状認識と今後の方向性

クラウン・エンティティ（XRB）を新規に設立し、旧組織（FRSB及び

---

[40] 労働党のデヴィッド・ラッセル・ロンギ氏は、当時の財務大臣ロジャー・ダグラスとともに、財務省のサポートを受けて発生主義会計を導入するよう主張した。また、XRBからのヒアリングによれば、当時会計検査院副検査官であったJeffrey Thomas Chapman（のち1992年〜1994年会計検査院長を務める）も、発生主義の導入を主張した。
[41] 和田（2007）
[42] NZICAも、公的部門への発生主義会計導入を支持した。

ASRB)の業務を引き継いだ。これにより、職業会計士団体から独立した組織で、基準設定を行うことができるようになった[43]。

現状はIFRSをベースとしたセクター・ニュートラルの考え方を採用しているが、IFRSはPBE特有の事象をカバーしていないことから、新たにマルチスタンダードの考え方をとり、民間企業にはIFRSを、PBEにはIPSASをベースとした[44]PBE基準を2014年から採用することを2012年公共財政法に盛り込んだ（当該法に基づく会計基準フレームワークについて、図表41を参照）。

なお、ニュージーランドは一時的にセクター・ニュートラルから離脱することとなったが、会計の理想としてはあくまでセクター・ニュートラルであり、今後、国際的にも企業会計・公会計問わず1本の会計基準ができたならば、それを適用するつもりであるとの意見があった[45]。

10. 基準設定主体の国際戦略等

(1) IPSASBとの連携の方法、問題意識

現行のセクター・ニュートラルの下でも、基準設定のデュー・プロセスにおいて、IPSASについても考慮することとなっている。

XRBボードのメンバーの1人はIPSASBのボードメンバーであり、NZASBのボードメンバーの1人はIPSASBの元ボードメンバーである。事務局はIPSASBのプロジェクトをサポートしている[46]。

---

43) XRBからのヒアリングでは、XRBの強みを4点挙げていた。
　①独立性：政府、企業、会計士協会からの独立
　②スタッフ雇用の柔軟性
　③利害関係者参画の容易性
　④統治機構の効率性：XRBボードが立案した戦略のもと、会計基準設定主体・監査基準設定主体が共通のスタッフの支援を受けて基準設定を行える。
44) IPSASの無条件での全面適用は現時点では予定されていない。デュー・プロセスや監視体制、基準の安定性という面で不安があるとのこと（会計検査院よりヒアリング）。ニュージーランドの環境に合わせて修正・追加することが提案されている。
45) 財務省、会計検査院よりヒアリング。
46) 例えば、現在IPSASBで進められているIPSAS第6号〜第8号の改訂プロジェクトの取りまとめをXRBスタッフが担当している。

(2) 他国設定主体との連携方法

　オーストラリア-ニュージーランド経済緊密化協定（CER: Closer Economic Relations）を推進するために、両国の会計基準は可能な限り収斂(しゅうれん)させることとされている。これに対応するため、XRBボードとオーストラリアFRC、NZASBとAASBの間で、以下のような連携を行っている。

①XRBボード

　XRBボードの議長はオーストラリア財務報告評議会（FRC: Australian Financial Reporting Council）のメンバーである。また、オーストラリア財務報告評議会議長はXRBボードのメンバーである（Cross Appointment）[47]。

②NZASB

　NZASBとAASBはトランス・タスマン経済合意を受けて、両者の会計基準のコンバージェンスを図っている。ニュージーランド会計基準審議会とオーストラリア会計基準審議会は年に1度会合を開いている。

　XRBボード・FRCと同様、両議長はもう片方のボードメンバーに指名されることとなっている。したがって、NZASB議長はAASBボードメンバーである[48]。また、AASB議長はNZASBボードメンバーである[49]。

　また、NZASBとAASBはTTAASAGの会計基準設定主体として参加している[50]。

③TTAASAG[51]

　TTAASAG（Trans-Tasman Accounting and Assurance Standards

---

[47] XRBウェブサイト（ボードメンバー紹介）：http://www.xrb.govt.nz/Site/about_us/XRB_Board/XRB_Board_Members.aspx（最終閲覧日：2013年5月7日）
　　Kevin Simpkins氏（XRBボード議長、オーストラリアFRCメンバー）及びLynn Wood氏（オーストラリアFRC議長、XRBボードメンバー）である（2012年9月時点）。
[48] http://www.aasb.gov.au/AASB-Board/Current-Board-members.aspx（最終閲覧日：2013年5月7日）
[49] Kevin Stevenson氏（2013年5月時点）
[50] http://ttaasag.treasury.gov.au/ttaasag/content/membership.asp（最終閲覧日：2013年5月7日）
[51] TTAASAGウェブサイト（運営規約）より　http://ttaasag.treasury.gov.au/ttaasag/content/tor.asp（最終閲覧日：2013年5月7日）。

Advisory Group：オーストラリア、ニュージーランド間会計基準及び保証基準諮問グループ）は、CERを推進するための仕組みとして設置された、両国の会計基準・監査基準設定主体、監視機関及び関連省庁が集まって連携を図る会議体である。

　議長は両国持ち回りであり、現在はXRBボード議長が務めている。

　XRBボードとFRCは、TTAASAGの基準設定監視機関として参加している。また、両国会計基準・監査基準設定主体もそれぞれ、TTAASAGのメンバーである。

(3) IFRS及びIASBに対する考え・アプローチ

　現在、IFRSにPBEパラグラフが加えられたNZ IFRSがPBEに適用されている。開発中のPBE向け基準（IPSASに所要の修正を行う。）は、2014年以降適用予定である。

図表39　会計基準設定経緯　概観

1993年～2011年

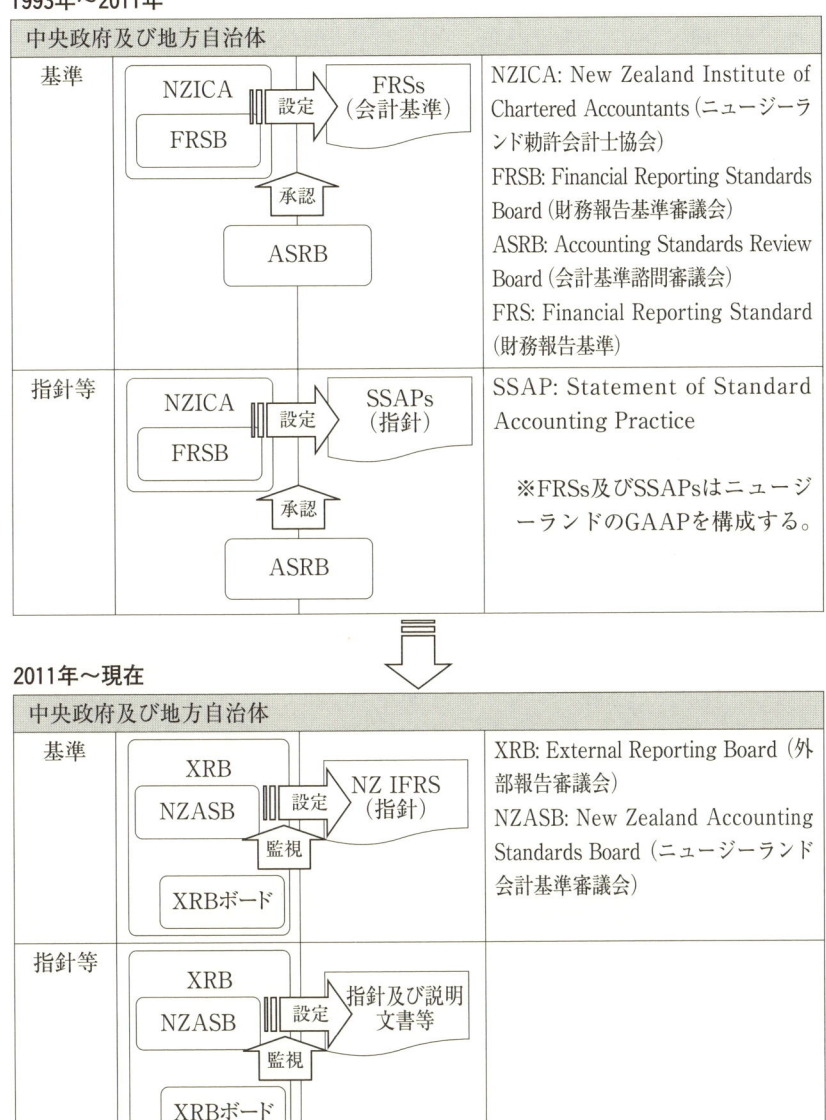

中央政府及び地方自治体		
基準	NZICA / FRSB →設定→ FRSs（会計基準）　↑承認　ASRB	NZICA: New Zealand Institute of Chartered Accountants（ニュージーランド勅許会計士協会） FRSB: Financial Reporting Standards Board（財務報告基準審議会） ASRB: Accounting Standards Review Board（会計基準諮問審議会） FRS: Financial Reporting Standard（財務報告基準）
指針等	NZICA / FRSB →設定→ SSAPs（指針）　↑承認　ASRB	SSAP: Statement of Standard Accounting Practice ※FRSs及びSSAPsはニュージーランドのGAAPを構成する。

2011年～現在

中央政府及び地方自治体		
基準	XRB / NZASB →設定→ NZ IFRS（指針）　↑監視　XRBボード	XRB: External Reporting Board（外部報告審議会） NZASB: New Zealand Accounting Standards Board（ニュージーランド会計基準審議会）
指針等	XRB / NZASB →設定→ 指針及び説明文書等　↑監視　XRBボード	

図表40　会計基準設定主体及び関係諸団体の概要

①外部報告審議会（XRB: External Reporting Board）

No	項目	内容
1	役割	組織体としてのXRBの運営及びNZASB等の監視（基準設定権限をNZASB等に委譲）。
2	機関の特徴	組織形態：政府機関（Crown Entity） 資金調達：国の予算
3	人員構成	ボードメンバー：9人 ※ボードメンバーは財務省他及び会計事務所等所属の者からも構成され、全員非常勤である。
4	その他	2011年7月成立

②ニュージーランド会計基準審議会（NZASB: New Zealand Accounting Standards Board）

No	項目	内容
1	役割	会計基準の設定を行う。
2	機関の特徴	組織形態：XRBの内部組織 資金調達：国の予算
3	人員構成	ボードメンバー：10人 ※ボードメンバーは財務省他及び会計事務所等所属の者からも構成され、全員非常勤である。
4	その他	XRBと同時に成立した。NZICAが行っていた基準設定機能が移管された。

※XRBは上記①、②のほか、監査基準を設定するニュージーランド監査・保証基準審議会（New Zealand Auditing and Assurance Standard Board: NZAuASB）や事務局（XRB Staff Team）から構成される。

Ⅵ　ニュージーランド

図表41　2012年公共財政法に基づく会計基準フレームワーク
＜法律施行までの経過措置＞

	営利主体 (For-Profit Entities)		公益主体 (Public Benefit Entities)	
	主体	会計基準	主体	会計基準
Tier 1	公的説明責任を有する組織又は費用総額30百万ドル超	NZ IFRS	公的説明責任を有する組織又は費用総額30百万ドル超	PBE基準
Tier 2	公的説明責任を有さない 費用総額30百万ドル以下、収入総額が20百万ドル超、総資産10百万ドル超又は従業員数50人超	NZ IFRSのうち、開示を一部簡略化したもの（RDR（Reduced Disclosure Regime））	公的説明責任を有さず、費用総額30百万ドル以下かつ2百万ドル超	PBE基準のうち、開示を一部省略したもの（RDR）
Tier 3	公的説明責任を有さない 収入総額が20百万ドル以下、総資産10百万ドル以下又は従業員数50人以下	IFRSの部分的な免除を認めたもの（Differential reporting）	費用総額が2百万ドル以下	PBEを簡素化した報告基準（発生主義）
Tier 4	公的説明責任を有さない 財務諸表作成が求められない 収入総額が20百万ドル以下、総資産10百万ドル以下又は従業員数50人以下	以前のGAAP	法律により現金主義による開示が認められている組織	PBEを簡素化した報告基準（現金主義）

<法律施行後のフレームワーク（予定）>

	営利主体 (For-Profit Entities)		公益主体 (Public Benefit Entities)	
	組織	会計基準	組織	会計基準
Tier 1	公的説明責任を有する組織又は費用総額30百万ドル超	NZ IFRS	公的説明責任を有する組織又は費用総額30百万ドル超	PBE基準
Tier 2	公的説明責任を有さない費用総額30百万ドル以下、収入総額が20百万ドル超、総資産10百万ドル超又は従業員数50人超	NZ IFRSのうち、開示を一部省略したもの	公的説明責任を有さず、費用総額30百万ドル以下かつ2百万ドル超	PBE基準のうち、開示を一部省略したもの
Tier 3	※法律施行後は、営利主体のTier 3、Tier 4に対する財務諸表作成義務はなくなる予定である		公的説明責任を有さず、費用総額が2百万ドル以下	PBEを簡素化した報告基準（発生主義）
Tier 4			法律により現金主義による開示が認められている組織	PBEを簡素化した報告基準（現金主義）

（出典）XRB（2012）に基づき作成。

Ⅵ ニュージーランド

ニュージーランドの新しい公会計フレームワークについて

2013年5月、公益事業（PBE）向け会計基準が公表され、2014年度（2014年7月1日開始事業年度）から適用が開始されることとなった。

本文中に示したTier 1、Tier 2の主体に適用される会計基準体系については、以下のとおりである（以下XRBウェブサイトより）。Tier 1の主体については、基準に定められた規定を全て準拠する必要がある。Tier 2の主体については、＊（アスタリスク）のついた条文（開示関連規定）について適用が免除される[52]。

〇ニュージーランドPBE基準一覧

基準No.	タイトル
XRB A1号	会計基準フレームワーク
PBE IPSAS 1号	財務諸表の表示
(PBE IPSAS 2号からPBE IPSAS 32号まで、IPSASと対応した基準)	
PBE IFRS 3号	企業結合
PBE IFRS 4号	保険契約
PBE IFRS 5号	売却目的で保有する非流動資産及び非継続事業
PBE IAS 12号	法人所得税
PBE IAS 34号	期中財務報告
PBE FRS 42号～45号	(NZ GAAP)
PBE FRS 46号	PBE基準の初度適用（従前NZ IFRSを適用していた主体向け）
PBE FRS 47号	PBE基準の初度適用（従前NZ IFRS以外を適用していた主体向け）

PBE向け概念フレームワーク等（上記表中、太字の基準）は、ニュージーランド独自のものである。

PBE IFRS 3号等については、公的部門にもIFRSベースの基準が適用される（IPSASでは、対応する基準が未整備である。）。

---

52) 以下のXRBウェブサイトより（最終閲覧日：2013年6月28日）。
　　http://www.xrb.govt.nz/Site/Accounting_Standards/Current_Standards/Standards_for_Public_Sector_PBEs/Standards_after_1_July_14/Standards_for_Tier_1_and_2_PS_PBEs.aspx

Ⅶ 韓国

公的部門と公会計基準の概況

1．調査対象国の選定理由[1]

　韓国は、1990年代後半の通貨危機により1997年から国際通貨基金（IMF）の支援を仰ぎ、IMF及び国際復興開発銀行（IBRD）からの財政透明化要求を重要な契機の1つとして、中央政府及び地方自治体の公会計改革に着手した。その後、会計基準草案の公表、国家会計法及び地方分権特別法の制定、試行期間を経て、中央政府は2011年度、地方自治体は2007年度より発生主義・複式簿記に基づく会計制度を導入している。

　また、法体系も日本と同じく制定法に基づいており、地方自治制度も二層制であるなど、制度面での日本との類似性も高い。

　以上のとおり、韓国は近年公会計に関する基準を大きく改正しており、また、制度面でも地理的にも日本と近い存在であるため、調査対象国として選定した。

---

[1] 2012年11月26～28日に韓国で現地調査を行い、以下の機関・役職者に対しインタビューを実施した。
　・行政安全部（我が国の総務省に相当。2013年3月に安全行政部へ改称）：財務管理担当係長　他
　・国家会計基準センター：センター長　他
　・企画財政部（我が国の財務省に相当）：担当係長

2. 公的部門の状況

(1) 公的部門の状況

1948年に韓国最初の憲法が制定され、憲法第8条により地方自治を定め、第96条及び第97条によりその内容が規定された。これに基づき、1949年に最初の地方自治法が制定・施行されている（1961年の軍事クーデター以降、1988年まで停止）。

当初は団体自治の性格が強く住民自治的要素が小さかったが、その後の改正で住民自治が拡大し、2004年に地方分権特別法が施行された。

現在、地方自治体は、広域自治体（特別市・広域市・道・特別自治道）と基礎自治体（市・郡・自治区）の二層構造となっている。

(2) 財政制度

国税に対する地方税の比率は日本より低く、租税収入全体の8割弱が国税、2割強が地方税となっている。

中央政府から地方自治体に対しては、地方交付税及び国庫補助金により財源が移転されており、地方自治体にとって主要な財源となっている。地方自治体の財政自立度（歳入に占める自主財源の割合）は地域格差が大きく、ソウル特別市の88.8％から、全羅南道新安郡の7.6％まで様々である。

3. 公会計基準の状況

(1) 基準設定状況
中央政府

中央政府の会計基準は、国家会計制度審議委員会（NASDC: National Accounting System Deliberation Committee）[2]の助言に基づき、企画財政部が省令として作成している。また、決算報告書作成に関する実務的な指

---

2) 国家会計制度審議委員会は、国家会計法第8条に基づいて設置されている審議機関である。

針については、企画財政部長官(我が国の財務大臣に相当)が通達又は訓令を作成して各中央官庁の長に通知している(2009年4月29日アレテ第1条)。

なお、新たな会計基準が作成された当時は、企画財政部内に設置された政府会計基準委員会(GASC: Governmental Accounting Standards Committee)が草稿を作成したが、現在は、2010年に設立された国家会計基準センター(NASC: National Accounting Standards Center)が草稿を作成する役割を担っている[3]。

地方自治体

地方自治体の会計基準は、財務会計推進小委員会(FAASC: Financial Accounting Advancement Sub-Committee)[4]の助言に基づき、安全行政部が省令として作成している。また、実務会計処理に関する具体的な事項は安全行政部長官が定め(地方自治体会計基準第2条第2項)、会計基準及び実務指針に記載されていない事項については、GAAPに従う(同条第3項)。

なお、新たな会計基準が作成された当時は、FAASCの前身である地方会計基準審議会が大きな役割を担っていたが、現状では安全行政部自身が草案作成などでより大きな役割を担っており、FAASCの重要性は低くなっている[5]。

現在は全ての自治体において現金主義に基づく予算システムと発生主義に基づく財務報告システムが適用されている。政府財政統計(GFS: Government Financial Statistics)と政府会計基準との調和については、現在検討中である[6]。

---

3) NASCよりヒアリング。
4) 財務会計推進小委員会は、安全行政部政策諮問委員会の分科会である地方財政審議会の小委員会である。
5) 安全行政部よりヒアリング。
6) NASCよりヒアリング。

(2) 適用状況

発生主義導入までの状況

　1990年代までは中央政府・地方自治体ともに現金主義による会計処理を行っていたが、IMFからの要求等を契機として[7]、1990年代後半より複式簿記・発生主義導入に向けた動きが起こった。

　中央政府においては、1998年5月に財政経済部（現企画財政部）が複式簿記・発生主義による会計制度導入の方針を発表し、続いて、翌年1999年3月には企画予算委員会（現企画財政部）でも導入方針が発表された。これを受けて、1999年5月から翌年6月まで政府会計制度に関する研究が行われ、政府会計基準草案及び改正法案が用意され、2000年2月には政府会計基準委員会による検討作業が行われた。同年5月の公聴会を経て、2003年4月に国家会計法案が立法予告された。国家会計法は2007年に成立し、2009年度から発生主義会計を導入した。2009・2010年度を試行期間とし、2012年9月に初めて2011年度の財務諸表が公表された。

　地方自治体においては、1998年から複式簿記・発生主義による会計制度の導入が検討され、1999年2月、自治体複式簿記会計制度導入推進計画が発表された。これを受けて、1999年12月から2001年3月まで電算システム研究開発[8]を実施し、自治体会計基準試案を2001年3月に完成した。1999年に富川市、江南区で1次試験運用を開始し、2003年に7自治体で2次試験運用、2003年に54自治体で3次試験運用を行い、2004年に地方分権特別法により複式簿記会計の導入を決定した。2005年までに、187自治体で新しい会計制度を運用し、2007年度から発生主義会計を全面導入している。

現在の適用状況

　中央政府については、国家会計法第11条第1項により、企画財政省令で

---

[7] 地方自治体の会計については、市民団体からの財政透明化要求も大きな要因として挙げられる（国家会計基準センター及び安全行政部からのヒアリングによる）。
[8] 地方自治団体会計制度改善協議会が、①韓国地方行政院、②山東会計法人、③サムソンSDSのコンソーシアムと契約を締結し、会計基準を①が、会計規則を②が、複式簿記システムを③が担当した。

会計基準を定めることが規定されている。また、第8条において、国家会計業務の遂行に関連して、企画財政部にNASDCを置くことが規定されており、NASDCの審議を経て、企画財政部の省令により会計基準が定められている。

中央政府は、一般会計、特別会計及び基金の別に財務諸表を作成し[9]、中央官庁の長は、その所管に属する一般会計、特別会計及び基金を統合した決算報告書を作成する（国家会計法第13条第1項）。企画財政部長官は、会計年度ごとに中央官庁の決算報告書を統合して国の決算報告書を作成する（同法第13条第3項）。

地方自治体については、地方財政法第53条において、「その地方自治体の財政状態及び運用の結果を明らかにするために、発生主義と複式簿記の会計原則を基礎とした安全行政部長官が定める会計基準に基づき、取引事実と経済的実質を反映して会計処理を行い、財務報告書を作成しなければならない」と規定されており、当該規定に基づき、安全行政部の省令として地方自治体会計基準が定められている。

地方自治体が行う全ての一般的な取引の会計処理と財務報告について地方自治体会計基準を適用することとされているが（地方自治体会計基準第2条第1項）、地方自治体の会計区分に応じて、一般会計、その他の特別会計、基金会計と地方公企業特別会計に区分することが定められており、地方公企業特別会計は、地方公企業法で別に定めた場合は地方自治体会計基準を適用しないものとされている。

安全行政部には、安全行政部政策諮問委員会規定により、政策諮問委員会の下に9つの分科会が設けられており、このうちの1つである地方財政審議会の小委員会としてFAASCが設けられている。

なお、中央政府と地方自治体を合算した政府全体の財務諸表は作成していない。

---

[9] 国家会計法第3条において、国家会計法の適用範囲は、国家財政法第4条の規定による一般会計と特別会計並びに国家財政法第5条第1項の規定により設置された基金とされている。

財務諸表等の作成・提出担当部署とその手続は、以下のとおりである。
・中央政府：①企画財政部長官（作成者）⇒②監査院（BAI: The Board of Audit and Inspection）（監査報告書（保証型ではない。）を添付）⇒③内閣に提出⇒④大統領が承認[10]
・地方自治体：①地方自治体の長（作成者）⇒②公認会計士の検討⇒③決算検査委員会⇒④地方議会の承認⇒⑤安全行政部長官又は市長・道知事に報告[11]

また、提出期限は、以下のとおりである。
・中央政府：会計年度（1月～12月）終了後、翌年2月末までに各中央官庁の長は企画財政部長官に各官庁の決算報告書を提出する。企画財政部長官は4月10日までに監査院に国の決算報告書を提出し、監査院は5月20日までに企画財政部長官に対して監査報告書を提出する。企画財政部長官は5月30日までに国の決算報告書及び監査報告書を内閣に提出する[12]。
・地方自治体：会計年度（1月～12月）終了後、2月末までに出納閉鎖を行う。地方自治体の長は出納閉鎖後80日以内に財務諸表を作成して公認会計士の検討（監査ではない。）を受け、公認会計士の検討意見を付して決算検査委員会に提出する。決算検査には20日間が与えられており、検査委員の検査意見書を添付して、6月末までに地方議会の承認を受ける[13]。

(3) 監査の状況

中央政府

国の決算報告書に対しては、監査院による監査が求められるが、監査院は決算報告書の適正性に対する意見表明は行っていない。

ただし、予算規模が5,000億ウォンを超える基金（年金、国民保険及び郵

---

10) ①国家会計法第59条 ②同法第60条 ③④同法第13条第3項
11) ①③④地方自治法第134条第1項 ②地方財政法第53条第2項 ⑤地方自治法第134条第2項
12) 国家会計法第59条及び第60条
13) 地方自治法第134条第1項及び安全行政部の回答文書による。

便など）については、外部監査人（会計法人）による適正性（保証型）監査が求められている。
地方自治体
　地方自治体の財務諸表に対しては、地方財政法第53条及び地方財政法施行令第63条の規定により公認会計士がレビューを行っているが、現状では財務諸表の作成自体に公認会計士が大きく関与していることもあり、保証型の監査は行われていない。今後、法改正により財務諸表を会計監査対象とする予定である[14]。

公会計基準設定の在り方

4．基準設定主体の基礎情報

　中央政府では、国家会計基準センター（NASC: National Accounting Standards Center）が公会計基準の草稿を作成し、国家会計制度審議委員会（NASDC: National Accounting System Deliberation Committee）による諮問を経て、企画財政部（我が国の財務省に相当）が省令として公布する。
　地方自治体では、地方財政審議会の小委員会である財務会計推進小委員会（FAASC: Financial Accounting Advancement Sub-Committee）の諮問を経て、安全行政部（我が国の総務省に相当）が省令として公布する。

---

14) 安全行政部よりヒアリング。

(1) 設立の経緯と歴史的変遷

中央政府

中央政府向け会計基準については、「国家の財政活動で発生する経済的取引などを発生事実に基づいて複式簿記の方法で会計処理するために必要な基準は、企画財政部省令で定める」とされている（国家会計法第11条第1項）。

基準設定に関する諮問機関として、企画財政部に国家会計制度審議委員会が設置されている（国家会計法第8条第1項）。同項において、国家会計制度審議委員会の業務が以下のとおり規定されている。

①国の会計制度とその運用

②国の会計の処理や決算関連法令の制定・改正や廃止

③国と地方自治体及び公共機関の間の会計制度の連携

④その他の国の会計制度の運営に関する事項であって、大統領令で定める事項

なお、国家会計制度審議委員会は、前身である政府会計基準委員会を改組して設置した会議体である。

さらに、企画財政部は韓国公認会計士協会（KICPA）と委託契約を結び、KICPA内に国家会計基準センターを設立している（国家会計法第11条第4項[15]）。国家会計基準センターは、主に、国の会計システムを導入・運用するための常設機関が必要とされたことにより設立された。

地方自治体

会計基準（発生主義・複式簿記）は安全行政部長官が定める（地方財政法第53条第1項）。

また、基準設定に関する諮問機関として地方自治体会計基準審議会が設置されている（地方自治体会計基準審議会規程（行政自治部訓令）第1条[16]）。

---

15)「企画財政部長官は、国家会計基準に関する業務を大統領令で定めるところにより、専門知識を持つ機関又は団体に委託することができる。」

16)「この規定は、地方財政法第19条及び同法施行令第31条の規定により地方自治団体に発生主義複式簿記の会計制度の導入に伴う政策諮問、会計基準の調査・研究・審査及び調整のために、地方自治体の会計基準審議会の構成及び運営に関して必要な事項を規定することを目的とする。」
なお、行政自治部は現在の安全行政部である。

地方自治体会計基準審議会は、2008年の委員会統廃合により、財務会計推進小委員会（安全行政部政策諮問委員会の分科会、地方財政審議会の下にある小委員会）に引き継がれている。

　中央政府及び地方自治体のいずれについても、発生主義による会計基準の導入時には、それぞれ、NASDCの前身である政府会計基準委員会（GASC：Governmental Accounting Standards Committee）及びFAASCの前身である地方会計基準審議会が大きな役割を担っていたが、現状では、国についてはNASC、地方自治体については安全行政部自身が、草案作成などでより大きな役割を担っており、NASDC及びFAASCの重要性は低くなっている。

　なお、発生主義に基づく会計基準の導入は地方自治体が先行したが、地方自治体の会計基準策定に携わった委員とほぼ同じメンバーが国の会計基準策定にも携わっている。

　また、安全行政部の外郭団体として、韓国地方行政研究院（KRILA: Korean Research Institute for Local Administration）が置かれ、調査研究と会計基準作成支援を実施している。

(2) 役割と権限

　中央政府、地方自治体とも基準設定の権限は省庁の長官が有しており、政府機関が基準設定主体となっている。

中央政府

　諮問機関である、NASDC（中央政府）及びFAASC（地方自治体）は、それぞれ両省庁内に置かれた委員会であり、これらも政府機関である。

　なお、国家会計基準センターは、KICPAが設立し、企画財政部と委託契約を締結して業務を実施している機関であり、センター長（Director）は企画財政部長官が任命するものの、民間機関である。NASCが、公会計基準の草稿を作成し、企画財政部長官がNASDCの諮問を経て、省令として公布する（国家会計法第11条第1項）。また、指針作成も企画財政部長官が各中央省庁の長に通知する（国家会計法第26条第2項）。

地方自治体

　地方自治体は、財務会計推進小委員会の助言を受けて、安全行政部が省令として公布する（地方財政法第53条第1項）。基準は省令レベル、指針は通達又は訓令レベルで公布・通知される。指針についても安全行政部長官が定める（地方自治体会計基準に関する規則第2条第2項）。

(3) 監視

　監視機関は存在しない。

　基準設定主体自体は省庁であることから、以下では、下記の機関について詳述する。

　　国家会計基準センター（NASC）：中央政府の会計基準に関する調査研究機関

　　国家会計制度審議委員会（NASDC）：中央政府の会計基準に関する諮問機関

　　財務会計推進小委員会（FAASC）：地方自治体会計基準に関する諮問機関

5．国家会計基準センター（NASC）

(1) 法的な位置付け

　企画財政部長官は、国家会計基準に関する業務を大統領令で定めるところにより、専門知識を持つ機関又は団体に委託することができる（国家会計法第11条第4項）とされており、同法施行令第2条の2第1項において以下のとおり定められている。

　企画財政部長官は、同法第11条第4項の規定により次の各号の業務を法第11条第1項の規定による国の会計基準（以下「国家会計基準」という。）に関する専門性があると認められ、企画財政部長官が指定・告示する機関又は団体に委託する。

・国内外の国家会計基準に関する調査・研究業務
・国家会計基準に基づいて作成された財務諸表を利用した財務分析手法の開発及び活用に関する業務
・国家会計基準を改善するため、法第13条第1項の規定による中央官庁の決算報告書、同条第2項の規定による基金決算報告書及び同条第3項の規定による国の決算報告書の分析に関する業務
・その他の国家会計基準に関する業務として、企画財政部長官が定める業務

(2) 沿革

　国の会計基準の作成・改善を支援するための機関として2010年7月に設立された。運営は、KICPAとKAI（Korea Accounting Institute、KASB（韓国企業会計基準設定主体）の運営母体）との競争の結果、KICPAが行っている。

(3) 資金調達

　企画財政部の予算措置によっている。年間予算は21億ウォン（約1.64億円）である。

(4) 人員構成

　センター長及び国家会計基準諮問委員会（NASAC: National Accounting Standards Advisory Committee）（後述）の委員を除き、財務統計部（11人、Financial Statistics Division）、評価分析部（7人、Evaluation & Analysis Division）及び管理部（2人、Administration）から構成される。

　なお、企画財政部長官から任命されるセンター長を除き、人事権はKICPAが有している。省庁及び会計士協会からの派遣は受け入れていない。給与額は会計事務所と比べると低い水準とのことである[17]。

---

17) NASCよりヒアリング。

(5) 国家会計基準諮問委員会（NASAC）

NASCは組織内に諮問機関を有しており、新しい基準の制定や改訂に当たり、必要に応じて開催している。諮問機関メンバーは非常勤かつ無報酬（交通費の支給のみ）で任期は特に定められていない。メンバー構成は以下のとおりである。

図表42　NASAC構成

構成（出身母体）	人数
公務員	3人
学者	3人
会計事務所	1人
国家会計基準センター長	1人
合　　計	8人

(出典) NASC（2011）に基づき作成。

6．国家会計制度審議委員会（NASDC）

(1) 法的な位置付け

国家会計法第8条第1項に基づき、国家会計業務の遂行に関連する事項を審議するために企画財政部内に置かれている審議会であり、以下の事項（同条同項1号から4号）を審議する。

・国の会計制度とその運用
・国の会計の処理や決算関連法令の制定・改正や廃止
・国と地方自治団体及び公共機関（公共機関の運営に関する法律第4条から第6条までの規定に基づいて指定・告示された公共機関をいう。）の間の会計制度の連携
・その他の国の会計制度の運営に関する事項であって、大統領令で定める事項

(2) 沿革

1998年12月、政府会計制度諮問委員会（Governmental Accounting Advisory Committee）として発足し、2000年2月に政府会計基準委員会（Governmental Accounting Standards Committee）に名称変更した。2000年～2006年の間に約30回開催され、政府会計基準の試案作成、公聴会の実施などを行った。

2008年12月末の国家会計法改正により、2009年に現在の国家会計制度審議委員会（NASDC）に改組された。従前の政府会計基準委員会から権限が拡張され、会計基準のみならず制度面（政策）についても諮問することができるようになった。

(3) 資金調達

企画財政部の予算措置によっている。予算額のほとんどは委員に対する交通費等実費精算に係るものである。

(4) 委員会の構成[18]

会議開催頻度については特に規定がなく、基準改訂の必要がある都度召集される。会期は通常1日以内である。委員長は、企画財政部長官が指名する企画財政部次官が務め、委員は、監査院及び安全行政部など関係省庁の3級公務員又は高位公務員団に属する一般職公務員[19]と会計業務に関する学識及び経験が豊富な者の中から企画財政部長官が任命又は委嘱するものとされている。

委員構成は、図表43のとおり定められている。委員長を含む委員人数は最大15人に制限されており、現員も15人である。全員が非常勤かつ無給である（交通費等の実費精算のみなされている。）。非公務員メンバー（図表43の

---

[18] 法令上の根拠として、国家会計法第8条、同法施行令第2条を参照。小委員会、事務局スタッフについても本条文中に根拠がある。
[19] 我が国における課長級職と推測される。

No.6～15)のみ任期が設けられており、任期は2年である。NASDCでは議決が採られることはないが、非公務員メンバーが過半数を占めている。

図表43　NASDC構成

No.	構成（出身母体）	人数
1	委員長：企画財政部次官	1人
2	監査院（監査院長推薦）	1人
3、4	企画財政部（企画財政部長官推薦）	最大2人
5	安全行政部（安全行政部長官推薦）	1人
6	公認会計士（関連団体推薦及び企画財政部長官委嘱）	1人
7	政府や公共機関の会計関連業務に10年以上勤務した経験がある者（企画財政部長官委嘱）	1人
8～15	大学で会計学や財政学などを専攻して大学や研究機関で准教授以上又はこれに相当する職に10年以上在職しているか、在職していた者（企画財政部長官委嘱）	最大8人
	合　計	最大15人

(5)　小委員会

　委員会は、審議を効率的に遂行するために必要と認める場合には、小委員会を構成・運営することができる。現在常設の小委員会はない。

　委員はNASDCメンバーで構成し、委員の人数は4、5人である。全員非常勤かつ無報酬であり、任期は2年（再任可）である。

(6)　事務局スタッフ

　委員会の事務を処理する幹事1人を置き、幹事は、企画財政部所属公務員の中から委員長が指名することとされている。

7．財務会計推進小委員会（FAASC）

(1) 法的な位置付け

地方自治体会計基準審議委員会規程により安全行政部長官の下に置かれている委員会であり、以下の事項を調査審議するものとされている（同規程第3条）。
・地方自治体の会計基準の制定又は改正に関する事項
・国と地方自治体間の会計制度の相互連携に関する事項
・地方自治体の会計基準の解釈に関する事項として重要であると認めて長官が諮問する事項
・その他の地方自治体の会計制度について長官が諮問する事項

(2) 沿革

2003年8月、地方会計基準審議委員会として設置されたが、2008年3月、政府審議会統廃合方針に従い、安全行政部政策諮問委員会の1つ（地方財政審議会）に位置付けられた（主要業務：地方会計基準制定に係る審議）。

2009年11月、同審議会の分科会としてFAASCを設置し、今日に至っている（主要業務：財務会計に関する制度の改善を審議）。

(3) 資金調達

安全行政部の予算措置によっている。

(4) 委員会の構成

委員会は常設されておらず、必要に応じて安全行政部長官が招集している。四半期に1度開催され、1回当たりの審議時間は4時間程度である。委員は、委員長1人を含む10人以内とされており、委嘱委員と職権上の委員で構成する（地方自治体会計基準審議委員会規程第4条第1項）。委員会の委員長は、委員の中から安全行政部長官が委嘱する（同条第4項）。任期は2年（再任

可)、全員非常勤かつ無給である(予算の範囲内で手当を支給することができる[20])。委員構成は図表44のとおりである。なお、大学教授委員のうち4人はNASDC委員を兼ねている。

図表44 FAASC構成

構成(出身母体)	人数
大学教授(会計専攻)	8人
公認会計士	1人
行政管理博士課程修了研究者	1人
安全行政部行政管理課長(職権上の委員)	1人
合　　計	11人

(5) 研究委員会について

委員会は、分野別に研究委員会を設置、運営するものとされており(地方自治体会計基準審議委員会規程第2条)、2009年より原価基準研究委員会が置かれている。委員はFAASCメンバーで構成し、全員非常勤かつ無報酬であり、任期は2年(再任可)である。

(6) 事務局スタッフ

委員会の支援及び議事録作成などの行政事務処理のために委員会に幹事1人を置くこととされており、幹事は、安全行政部の会計及び契約制度複式簿記の担当公務員が務める(地方自治体会計基準審議委員会規程第10条)。

8. 基準設定方法

(1) 基準設定のデュー・プロセス

中央政府

NASCが基準草稿を起草し、以下のプロセスを経る[21]。

---

20) 地方自治体会計基準審議委員会規程第11条第1項。交通費等実費精算のみなされている。
21) NASC設立前は、企画財政部と民間会計事務所が共同で草稿を作成していた。

①NASCによる論点整理、ディスカッションメモの作成
②（必要がある場合）各論点について、関連政府機関との議論
③NASACによる初回検討
④企画財政部に基準草稿を提案
⑤NASDCによる諮問
⑥パブリック・コメント（行政手続法）
⑦NASDCの諮問を反映した基準確定版の設定

法令（基準）解釈権は企画財政部にあるため、中央政府の会計事務を処理する職員がその職務の執行に関し疑義のある事項につき監査院の意見を求めたときは、監査院はこれに対して意見を示さなければならないものとされている（国家財政法第49条第2項）。

地方自治体

安全行政部が基準草稿を作成し、草稿作成過程で、韓国政府会計学会や財務会計推進小委員会、地方自治体などの意見を取り入れる。行政手続法に基づくパブリック・コメントは行っている。

(2) 既存実務の整理等

中央政府

国家会計基準センターは、企画財政部と共同して国家会計基準とその実務について研修等を実施している。国家会計基準センターは現場担当者からの質問も受け付けている。

地方自治体

制度の本格導入に先駆けてパイロット団体で試験運用を行うとともに、安全行政部に会計士協会から会計士が出向し、新しい公会計基準について、安全行政部及び地方自治体職員に対する研修を行っている。

9．基準設定主体と政府機関等との関係

(1) 設定主体の独立性担保方法
　中央政府及び地方自治体とも、設定主体は政府そのものであり独立性を担保する仕組みはない。諮問機関・審議機関についても独立性を担保する措置は講じられていないが、委員は全て無報酬であり、金銭的な利害関係は生じていない。

(2) 基準の法的位置付け
中央政府
　国家会計法第11条により、発生主義複式簿記による財務報告が求められている。また、この下に、国家会計法施行令、企画財政部省令第60号「国の会計基準に関する規則」、事業ごとの会計処理準則の実務処理の指針などが定められている。

地方自治体
　地方分権特別法第11条、地方財政法第53条、地方財政法施行令第62条の規定により、発生主義複式簿記による財務報告が求められている。
　また、この下に行政自治部省令第348号として「地方自治体の会計基準に関する規則」、さらに行政安全部訓令第133号として「地方自治体の財務会計運営規定」を地方自治体の会計処理のガイドラインとして定めている。

(3) その他政府機関と基準設定主体との関係
中央政府
　国家会計基準センターの研究員は、定期的に他の政府機関との会計実務に関する会議に出席し、意見聴取と実務事例の収集に努めている。

地方自治体
　年に5～6回程度、安全行政部と地方自治体の間で意見交換会を実施している。

10. 基準設定主体の必要性

(1) 設置当時の社会環境

中央政府

通貨危機前の1996年2月に大統領秘書室主導で複式簿記導入に関する検討が行われ、国策研究機関たる韓国開発研究院（KDI）による発生主義・業績管理、複式簿記導入の提言も行われた。

1997〜2001年にかけてIMFの金融支援を仰いでおり、IMF及びIBRDから財政の透明化要求があった。特に、IMFからはGFSM 2001（2001年政府財政統計マニュアル）に準拠した発生主義に基づく財務報告を行うべきとの勧告があった。

地方自治体

軍政期に地方自治が大幅に制限されたことが影響し、地方議会が復活したのは1992年であり、地方自治体首長の直接公選制が導入されたのは1995年であった。公選により選出された首長、市民[22]及び学者が自治体財政の透明化を要求し、これが会計基準設定の契機となった。

(2) 現状認識と今後の方向性

現在、中央政府は、財務会計の統合システム（dBrain）を導入しており、現金主義による予算の執行と発生主義による財務諸表の作成を一元的に実現している。

一方、地方自治体については、e-戸曹システムを開発し、支出システムは全て統一したが、資産系のシステムを中心に、独自のシステムも残っている。このため、予算と財務報告との統合が大きな課題となっている。e-戸曹システムが全面的に導入されれば、中央政府と地方自治体の会計基準の統合も検

---

[22] 主な市民団体として「経済正義実践連合」があるが、メンバーには3等級以上の高位公務員もおり、大統領府に相当数が所属していた。

討課題となる。

また、原価計算、プログラム評価に対する関心が高く、地方自治体においては、標準化した事業単位のパイロットテストを開始している。

監査については、中央政府及び地方自治体とも今後は独立監査人による保証型監査の制度化を検討している。

11. 基準設定主体の国際戦略等

地方自治体はIPSASとの連携には関心を示していないが、中央政府については会計基準設定時にもIPSASを一定の参考にしており、IPSASとの連携は意識している。また、アメリカの連邦、州・地方政府基準も参考にしている。NASC内に国際協調チームを組織し、諸外国の国家会計基準の調査を行っている。一方、企業会計とは一線を画している。

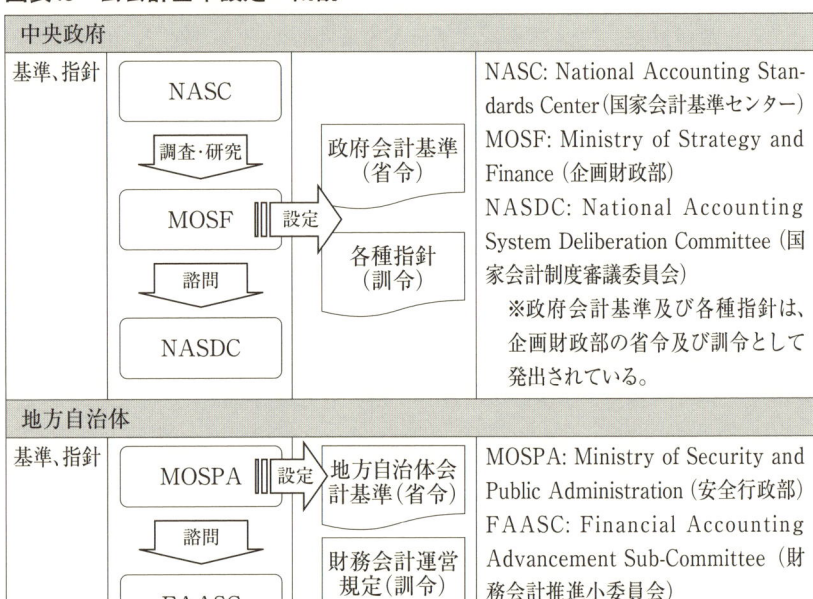

図表45　公会計基準設定　概観

中央政府			
基準、指針	NASC ↓調査・研究 MOSF　設定→ ↓諮問 NASDC	政府会計基準（省令） 各種指針（訓令）	NASC: National Accounting Standards Center（国家会計基準センター） MOSF: Ministry of Strategy and Finance（企画財政部） NASDC: National Accounting System Deliberation Committee（国家会計制度審議委員会） ※政府会計基準及び各種指針は、企画財政部の省令及び訓令として発出されている。
地方自治体			
基準、指針	MOSPA　設定→ ↓諮問 FAASC	地方自治体会計基準（省令） 財務会計運営規定（訓令）	MOSPA: Ministry of Security and Public Administration（安全行政部） FAASC: Financial Accounting Advancement Sub-Committee（財務会計推進小委員会） ※地方自治体会計基準及び各種指針は、安全行政部の省令及び訓令として発出されている。

図表46　公会計基準設定に関係する諸団体の概要

①国家会計基準センター（NASC: National Accounting Standards Center）

No	項目	内容
1	役割	国家会計基準の設定及び改善の支援機関 国家会計基準の草稿も作成している。
2	機関の特徴	組織形態：KICPA（韓国公認会計士協会）が設立し、企画財政部と委託契約を締結して業務を実施している。 センター長（Director）は企画財政部長官が任命する。
3	人員構成	センター長及びNASACの委員を除き、以下のとおりである。 ・財務統計部（11人：Financial Statistics Division） ・評価分析部（7人：Evaluation & Analysis Division） ・管理部（2人：Administration）

| 4 | その他 | 組織内に国家会計基準諮問委員会（NASAC: National Accounting Standards Advisory Committee）を設置。必要に応じ開催している。 |

②国家会計制度審議委員会（NASDC: National Accounting System Deliberation Committee）

No	項目	内容
1	役割	国家会計制度に関する諮問機関
2	機関の特徴	企画財政部の諮問機関であり、必要に応じて開催する。
3	人員構成	委員についての法定事項： 監査院推薦メンバー1人、企画財政部推薦2人以内、安全行政部推薦1人、会計関連団体の推薦1人、政府等会計業務経験者（10年以上）1人及び学識経験者8人以内（政府等会計業務経験者、学識経験者は、いずれも企画財政部長官が委嘱する。）現在の委員数：15人（委員長を含む。）
4	その他	委員は全員非常勤である。

③財務会計推進小委員会（FAASC: Financial Accounting Advancement Sub-Committee）

No	項目	内容
1	役割	地方自治体の会計制度に関する諮問機関
2	機関の特徴	安全行政部の政策諮問委員会の1つである地方財政審議会の小委員会であり、必要に応じて開催する。
3	人員構成	委員長1人を含む10人以内 委員長：委員の中から長官が委嘱 委員構成：大学教授8人（会計専攻）、公認会計士1人及び行政管理博士課程修了研究者1人 上記（10人）＋財政管理課長（職権上の委員）
4	その他	委員は全員非常勤である。

中央政府の移転計画

韓国は我が国以上に首都ソウルへの人口集中が進んでいる国である。首都圏（ソウル、仁川及び京畿道）人口が総人口の約半分に達する[23]。

2004年（盧武鉉大統領時代）、中央政府機関の大部分の移転をめざし、「新行政首都建設のための特別措置法」を制定したが、憲法裁判所が違憲判決を下した。このため、2005年一部の省庁を移転させることとした「行政中心複合都市建設特別法」を制定した。本法を基に2007年から、新首都の建設が進められてきた。具体的な建設計画の推進は、国土交通部の下に設置された行政中心複合都市建設庁が担っている。

新たに建設される都市である世宗（セジョン）市は、ソウルの南東約120kmに位置している。首都建設予定地域の面積は約73平方キロメートルである。2012年7月1日、世宗特別自治市が発足した。2030年に50万人の人口を達成する計画である。

9部2処2庁等の計36の中央政府機関が、移転を進めている。2014年には移転を完了する予定である。

○世宗市へ移転する主な機関と移転しない機関

移転する主な機関	2012年：国務総理室、企画財政部、国土交通部、環境部、農林畜産食品部、公正取引委員会 2013年：教育部、未来創造科学部、文化体育観光部、産業通商資源部、保健福祉部、雇用労働部、国家報勲処 2014年：法制処、国税庁、消防防災庁、国民検疫委員会
移転しない機関	青瓦台（大統領府）、国会、大法院（最高裁判所）、統一部、外交部、国防部、法務部、安全行政部、女性家族部

（出典）財団法人自治体国際化協会ソウル事務所2012年1月配信メールマガジンを、その後の省庁再編を踏まえ加工した。

韓国政府の財務会計システム（D-brain、e-戸曹）

(1)中央政府財務会計システム（D-brain）

韓国中央政府では、予算会計制度（現金主義）と発生主義の財務報告を行っている。予算が現金主義であるのは、政府の経営管理が予算編成過程に焦点があり、予算の執行段階で重要な意思決定がなされるためであるとしている。一方、現金主義、発生主義とも、各種計画における意思決定や業績評価に利点があることが

指摘されている。

　発生主義の導入を規定した国家会計法の成立（2007年）とともに財務管理情報システムたる「デジタル予算会計システム（D-brain）」が構築された。2009年度、2010年度は新会計システムの試行期間とされ、並行して同期間中にインフラ資産等の実地調査も行われた。

　2011年度のデジタル予算会計システム（D-brain）改修により、予算会計制度の仕訳データと、発生主義ベースの仕訳データをシステム上連携させることができるようになった。このため、現在は、予算会計制度上の決算書と、財務報告が同時期に作成されている。

　システムの流れは以下のとおりである（NASC（2011））。

○D-brainシステムフロー

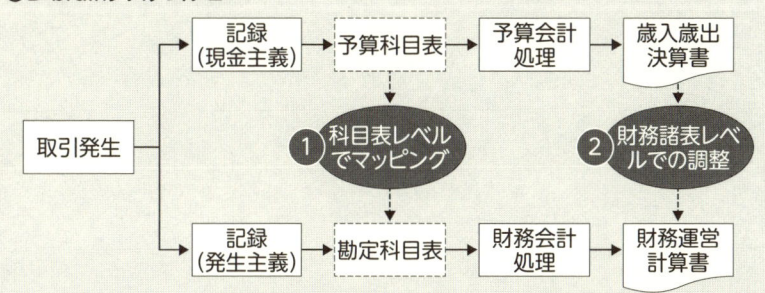

```
取引発生 ─┬─ 記録        予算科目表  予算会計   歳入歳出
          │  (現金主義)                処理       決算書
          │              ①科目表レベル      ②財務諸表レベル
          │                でマッピング        での調整
          └─ 記録        勘定科目表  財務会計   財務運営
             (発生主義)               処理       計算書
```

　各取引について、現金主義、発生主義双方で記録される。科目表レベルでのマッピング（照合、D-brainシステムフロー①）と、財務諸表レベルでの調整（D-brainシステムフロー②）がなされる。歳入歳出決算の末尾と財務運営計算書の末尾（財務運営の成果）について調整表も財務諸表の1つとして作成される。通常の予算執行では、システム上現金主義の起票を行えば、自動的に発生主義の仕訳が生成される。

　なお、D-brainは、企画財政部財政管理課が所管しており、中央政府の契約、歳出、資産管理全てを一体的に扱う業務システムである。

(2) 地方自治体財務会計システム（e-戸曹）[24]

　韓国では、1990年代までは、各自治体が独自の会計システムを使用していた。2000年代に入って、国を挙げて政府の電子化戦略が進められてきたことにより、基幹システムについては中央の安全行政部が一括して開発し、地方自治体に無償

第2部　基準設定の在り方　調査報告

> で配布するという取組みを行っている。
> 　具体的には、安全行政部が開発した地方財政管理システム（e-戸曹）が導入されている。1999年から2006年までの試験運用を経て、2007年から全面運用されている。今後達成されるべき目標として、安全行政部は、中央政府会計システムであるD-brainとの連携（これによる国家統合財政統計の実現）や事業別予算関連機能、意思決定支援機能の強化等を掲げている。

---

23) 我が国も首都圏（1都6県）の人口集中が進んでいるとはいえ、総人口の約4分の1である。
24) 以下の記述は安全行政部担当者からのヒアリングと現地入手資料に基づく。また、今後の目標については、以下の安全行政部地方財政システムウェブサイトを参考に記載した（最終閲覧日：2013年6月28日）。http://lofin.mopas.go.kr/lofin_intro/HojoIntro.jsp

Ⅷ　ドイツ

公的部門と公会計基準の概況

1．調査対象国の選定理由

　ドイツは制定法主義を採用しており、日本の法体系に近い面があるため、また、連邦と州において公会計共通化の動きが見られるため、調査対象として選定した。法令により公会計に関するルール設定を行っているため、基準設定主体は存在せず、法制化に必要な都度関係省庁が随時委員会等を設置してきた。次節以降において、公的部門の状況と公会計基準の設定状況（主な委員会の紹介を含む。）、連邦・州の公会計共通化の動きについて触れる。

2．公的部門の状況

(1)　公的部門の状況

　連邦共和制国家であり、各州が独自の立法、行政及び司法各機関を持っている。ドイツ連邦共和国基本法（Grundgesetz für die Bundesrepublik Deutschland、我が国の憲法に相当。以下「基本法」という。）第70条第1項により、基本法が連邦に立法権を与えていない範囲について、各州（Land）が立法権を有する。他の連邦制諸国と比較して、連邦は立法に専念し、州が行政の執行を行う傾向にある[1]。

---

1) 基本法第71条第1項が保障している州の専属的立法権に属する事項（連邦が立法権を有しない領域）は、教育制度、文化政策、地方自治制度、警察制度等に限定される。

州は16（3つの都市州[2]を含む。）あり、州内の基礎自治体に関しては州法に委ねられている。州の下はクライス（Kreis、「郡」）、ゲマインデ（Gemeinde、「市町村」）の二層制である（ただし、独立市では一層制）。クライスが323単位、ゲマインデが12,629単位ある。

(2) 財政制度

税に関しては連邦の権限が強大であり、一部の例外（営業税、不動産税等）を除き、州や地方独自の税率設定等は認められていない。ただし、主要税（所得税、法人税及び付加価値税）は連邦と州で配分される。

政府部門ごとの歳入総額（2010年）は、連邦301,734百万ユーロ（41％）、州260,134百万ユーロ（35％）、地方171,123百万ユーロ（23％）である。一方、歳出総額（2010年）は、連邦356,992百万ユーロ（43％）、州287,074百万ユーロ（35％）、地方180,851百万ユーロ（21％）である[3]。

3．公会計基準の状況

(1) 公会計基準設定状況と適用状況

連邦政府

連邦政府の公会計基準は、基本法第10章（財政）、それに基づく連邦及び州の予算法の原則に関する法律[4]（1969年制定。以下「予算原則法」という。）、連邦予算規則（1969年）等で規定されている。したがって、公会計基準の変遷は、これら法令改正の動向を見ることにより明らかとなる。

1997年、予算原則法が改正され、「商法典の諸原則に基づく簿記及び会計」が従前の記帳方法に付加する方法で容認された。2000年以降、連邦財務省主

2）ベルリン、ハンブルク及びブレーメンを指す。州としての権限と市（ゲマインデ）としての権限を併せ持つ。
3）2009年決算数値。Statistisches Bundesamt（2012）9 Finanzen und Steuernより。なお、歳入歳出とも公債償還・発行にともなう収入・支出を含まない。連邦の歳入入には、特別財産（Sondervermögen des Bundes。連邦鉄道・連邦郵便等）を含んでいる。
4）Haushaltsgrundsätzegesetz

導で、設置された委員会において公会計改革に関する検討が進められてきた。検討経緯を概観すると図表47のとおりである。

なお、連邦決算書（予算計算書及び資産計算書）の作成範囲は、連邦政府各省である。連邦の出資している企業等を連結した連結財務諸表は作成されていない。基本法上、翌会計年度中に、連邦財務大臣から連邦議会及び連邦参議院に決算書を提出することになっている[5]。各省からの提出期限は予算年度（暦年）終了後4～6週間としている[6]。

図表47から分かるように、公会計改革は、決算制度のみならず、予算制度も並行して検討されてきた。KLR/Doppikの連邦・州共通複式会計基準（最終報告）は、2009年、予算原則現代化法[7]に基づき予算原則法が改正されたことを受けて公表されている。予算原則現代化法はまた、連邦・州の会計制度共通化を進めるための委員会設置も規定している。

州政府

1996年予算原則法の改正により、商法典に基づく発生主義・複式簿記の導入が容認されたことに伴い、各州において、図表48のとおり検討が進められ、発生主義・複式簿記を法制化してきた。2013年現在、ベルリン都市州を除く全ての州において発生主義・複式簿記が採用されている（16州のうち11州が複式簿記を強制、4州がカメラル簿記との選択適用を認める、ベルリン都市州は拡張カメラル会計を導入しており、複式簿記は未導入[8]）。

5）基本法第114条第1項
6）財政制度等審議会（2003）
7）das Gesetz zur Modernisierung des Haushaltsgrundsätzegesetzes
8）KGSt（Kommunale Gemeinschaftsstelle「地方自治体共同機構」）＝ベルテルスマン財団共同プロジェクト「Rechtsvergleich Doppik（複式会計比較）」ウェブサイトhttp://doppikvergleich.de/uploads/tx_jpdownloads/Uebersicht-Einfuehrung-Doppik.pdfより（最終閲覧日：2013年5月7日）。

図表47　連邦公会計改革の変遷

検討実施組織	検討内容	公表・施行年
予算法及び予算制度作業委員会　連邦・州作業部会（KLR/Doppik[9]）	商業簿記導入のための最小基準（複式会計）	2004年第1版〜2006年第9版
連邦会計検査院	国全体の予算及び会計制度に関する問題提起（於連邦議会）[10]	2006年
予算及び会計制度の現代化（MHR[11]）プロジェクトグループ	公会計制度改革の基本構想を「基礎概念」として提示　※	2007年
アルフ組織開発有限会社とプライスウォーターハウスクーパース（PwC）：連邦財務省の業務委託	上記基礎概念の検証	2007年
KPMG：連邦財務省の業務委託	基礎概念を踏まえた詳細概念の構築	2009年
KLR/Doppik	予算編成、統制及び計算書作成に係る報告	2009年
	連邦・州共通複式会計基準（最終報告）	2009年
連邦・州共通会計制度の標準化のための委員会	「連邦・州複式会計基準[12]」「管理用標準勘定組織[13]」の公表	2011年

※　上記基礎概念では、旧来のカメラル会計に発生主義的効果を意図して拡張した、「拡張カメラル会計[14]」が連邦にはふさわしいとの結論を提示している。連邦財務省の委託先が実施した基礎概念の検証、詳細概念の構築時にも、当該結論を前提に報告書が作成されている。

9）原価及び給付計算／複式会計に関する連邦・州作業部会（Bund-Länder-Arbeitskreis Kosten- und Leistungsrechnung Doppik）。Kostは政府本来の業務活動によって生じた価値の消費（原価）であり、Leistungはそれによって生み出された価値の増加（給付）を意味する。損益計算における費用（Auftrag）収益（Ertrag）とは区別されている。
10）連邦会計検査院は、特に重要と認める事項について、いつでも、連邦参議院、連邦議会及び連邦政府に対して意見を行うことが認められている（連邦予算規則第99条）。
11）予算及び会計制度の現代化（Modernisierung des Haushalts- und Rechnungswesens）
12）Standards für die staatliche doppelte Buchführung（Standards staatlicher Doppik）
13）Verwaltungskontenrahmen
14）拡張カメラル会計とカメラル会計の関係については、三菱UFJリサーチ＆コンサルティング株式会社（2011）を参照。

図表48　州における公会計改革の変遷

検討実施組織	検討内容	公表等年
各州内務大臣会議　予算及び会計制度改革作業部会　市町村予算法改革のための小委員会	地方政府への発生主義導入を決定	1999年
同上	「複式簿記に基づく予算及び会計制度のための自治体予算法に関する基本構想」の提案	2000年
各州	新しい会計モデルの提示[15]	2000年頃～2005年
連邦・州共通会計制度の標準化のための委員会	「連邦・州複式会計基準」「管理用標準勘定組織」の公表	2011年

地方政府（市町村）

　州政府における内務大臣会議とは別に、市町村の全国組織である地方自治体共同機構（KGSt: Kommunale Gemeinschaftsstelle）が公会計モデルを提示している（1995年）。

　なお、法制度上は、各州が定める公会計制度に準じた会計制度が採られている。具体的には、各州が市町村規則、市町村予算令を定めている。

(2)　監査の状況

　連邦政府では、決算書類に対して保証型の監査は実施されておらず、連邦会計検査院による会計検査が実施されている。検査結果は「所見」にまとめられ、翌会計年度中（通常翌年12月）に決算書の参考資料として議会に提出される[16]。州及び地方政府においても、州会計検査院が連邦会計検査院と同様の検査を実施している。

---

15) 1998年ヘッセン州「ヘッセン州における新行政運営」、1999年ノルトライン＝ヴェストファーレン州「地方自治体の新財政管理」、2000年ニーダーザクセン州「LoHNプロジェクト」等。
16) 財政制度等審議会（2003）

4．連邦・州の公会計共通化の動き

　2009年の予算原則現代化法は、連邦と州の会計制度について最低限の比較可能性を担保するため、検討委員会（連邦・州共通会計制度の標準化のための委員会[17]）の設置が規定されている（2009年改正予算原則法第49a条）。

　2011年9月にこの委員会は「連邦・州複式会計基準」と「管理用標準勘定組織」等を公表した。発生主義・複式簿記を選択した州はこの基準と勘定組織に従って関連会計法令を改訂していくこととなる。

---

17) Gremium zur Standardisierung des staatlichen Rechnungswesens

Ⅸ 国際公会計基準審議会（IPSASB）

1．IPSASBの変遷

　1986年にIFAC内に公会計委員会（PSC: Public Sector Committee）が設置された。当初PSCは、公的部門の会計等について各国事例の調査、発生主義と現金主義について研究[1]等を行っていた。1996年よりPSCは基準設定プロジェクトを開始し、2002年には、1997年8月までに発行されたIASをベースにしたコア・スタンダード（IPSAS第1号～20号）の設定を完了した。また、現金主義IPSASも設定した（2003年）。

　2004年にPSCは国際公会計基準審議会（IPSASB: International Public Sector Accounting Standards Board）に改組され、IFRSをベースに公会計基準の設定に着手した。IFRSに基づいた公会計基準の設定の他にも、公的部門独自の会計基準も並行して設定してきている（例：IPSAS第21号「非資金生成資産の減損」、同第23号「非交換取引による収益」）。

2．IPSASの設定状況、適用状況

(1) 設定状況

　2013年1月現在、1本の概念フレームワーク[2]、32本の発生主義IPSAS及

---

1) 当時、完全現金主義、修正現金主義、修正発生主義及び完全発生主義の4類型について、各国事例の調査と検討等が行われていた。
2) 正確には、「公的主体の一般目的財務報告に係る概念フレームワーク」。概念フレームワーク策定プロジェクトは、2007年から開始され、現在検討を進めているところである。本プロジェクトは4フェーズに分けられ、2013年1月に公表したのは第1フェーズである。第1フェーズは、①フレームワークの役割及び権限、②一般目的財務報告の目的及び利用者、③質的特徴、④報告主体について規定している。なお、第2フェーズは財務諸表の構成要素とその認識、第3フェーズは測定、第4フェーズは表示について検討している。

び1本の現金主義IPSASが公表されている。

(2) 適用状況

どのような公会計基準を適用するかは各国の法規制に委ねられている。したがって、IPSASを完全適用している国もあれば、各国制度背景を踏まえた修正を加えている国もある。IPSASを適用している国として、スイス、オーストリアが挙げられる。国際機関、例えば、国際連合、欧州委員会（EC）、経済協力開発機構（OECD）、北大西洋条約機構（NATO）及び国際刑事警察機構（INTERPOL）が適用している。

また、今回の調査対象国の中では、ニュージーランドにおいて、IPSASにニュージーランド公的部門に必要な修正を加えた独自の公会計基準を設定することを予定している（2014年から施行予定）。

3．IPSASBの監視[3]

IPSASBには基準設定手続に関する透明性や説明責任、関係者のニーズへの対応を図る監視機関が存在しない。そこで、上部機構であるIFACにおいて2011年3月に論点整理（コンサルテーション）が公表され、広く一般に意見を求めた。寄せられたコメントを検討した結果、IFAC理事会はIPSASBの運営規約（Terms of reference）を改訂することとした。運営規約のうち、IPSASBのメンバー構成について検討し、2014年の委員指名から改訂後の運営規約が適用される。見直しの具体的内容については、「5．人員構成」において述べる。

現在も検討中であるのは、公益監視と技術的助言の仕組みについてである。公益監視審議会（PIOB: Public Interest Oversight Board）は、証券監督者国際機関（IOSCO）や世界銀行、欧州銀行等からのメンバーによる国際会計基準設定主体の監視機関である。現在IPSASBはPIOBの監視対象外であり、

3）2012年12月IPSASBニューヨーク会議アジェンダ4.0に基づき記載。

PIOBメンバー側にも、公会計専門家メンバーはいない。今後IFACと協議の上、PIOB側で新たな監視機構を検討していくものと思われる。

公益監視機関は基準設定過程が適正化を監視するものであるが、基準設定における技術的な助言を行う協議諮問グループ（CAG: Consultative Advisory Group）[4]についても組成・構築が提案されている。

4．資金調達[5]

資金提供元は上部機構たるIFAC、カナダ連邦政府、世界銀行、アジア開発銀行等である。プロジェクトを実施するために資金提供を受けることもある。

図表49　IPSASBの資金源内訳　　　　　　　　　　　　　　　（単位：千ドル）

資金拠出団体		金額
IFACへの会費充当分		
	加盟団体（各国会計士団体）からの会費	568
	Forum of Firms[6]からの会費	847
その他資金援助（カナダ連邦政府等）		632
合　　計		2,047

（出典）IFAC (2011)に基づき作成。

IFAC会費は、IPSASBの費用実績（PIOBへの資金拠出を除く。）が全基準設定主体[7]の費用に占める割合により配分されている。IPSASBに対するその他資金援助は全額IPSASBに計上されている。

---

[4] IPSASB CAGは、公的部門の財務諸表作成者、利用者及び監査人、政府、国際機関、学界等からのメンバーで構成されている。IASBにおいては、IFRS諮問会議がこれに該当する。
[5] IFAC（2011）Notes to the Financial Statements
[6] Forum of Firms：国際的に監査を行う会計事務所が加入する国際組織であり、加入事務所から支払われた会費により運営されている。Forum of FirmsからIFACに支払われた拠出金がIPSASBに分配されている。
[7] IFACにはIPSASBの他に基準設定機関として、国際監査保証基準審議会（IAASB）、国際会計教育基準審議会（IAESB）及び国際会計士倫理基準審議会（IESBA）がある。

資金以外の援助として、カナダ勅許会計士協会がテクニカルスタッフ1人の給与を負担している。

5．人員構成

(1) ボードの人員構成等

現状

ボード（IPSASB）は15人のメンバー（IFAC加盟団体指名）及び3人のパブリックメンバーから構成される。メンバーの出身国と出身機関は以下のとおりである。なお、各メンバーは出身機関の代表としてではなく、個人の専門的知識や経験を発揮すべく参加を求められている。

議長・副議長を含むメンバーは、IFAC指名委員会の推薦を経て、IFAC理事会により任命される。指名委員会の推薦に当たっては、個人の専門的能力を第一とするが、地理的分布や男女バランス等も考慮して行われる。

メンバーは非常勤であり、無報酬である。議長の任期はメンバーである期間を含め通算3期（1期3年。最長9年間）までである。指名委員会の承認があれば4期12年まで務めることが可能である。なお、他のメンバーの任期は2期（1期3年。最長6年間）までである。メンバー全員が一時に入れ替わらないよう、毎年およそ3分の1のメンバーが任期を迎えるように任命される[8]。

近年、会議は1回当たり4日間、年4回開催されている。

8）IPSASB運営規約4.0～6.0より。

Ⅸ 国際公会計基準審議会（IPSASB）

図表50　審議会の人員構成

出身国	現在の出身母体	指名団体等
パブリックメンバー　計3人		
スイス	大学	大学
カナダ	社外取締役 （元　会計検査院）	会計検査院国際機関
イタリア	大学	職業会計士団体
実務家以外のメンバー（財務省、会計検査院等）　計13人		
カナダ	会計士協会　※	職業会計士団体
イギリス	職業会計士団体　※	同上
アメリカ	会計検査院　※	同上
モロッコ	財務省	同上
中国	財務省	同上
パキスタン	コンサルタント （元公務員）	同上
ケニア	電力会社	同上
フランス	会計検査院	同上
南アフリカ	基準設定主体	同上
マレーシア	財務省	同上
ルーマニア	大学	同上
ニュージーランド	財務省　※	同上
オーストラリア	財務省	同上
実務家メンバー（会計事務所）　計2人		
日本	会計事務所	同上
ドイツ	会計事務所	同上
合　計	18人	

（出典）IPSASBウェブページhttp://www.ifac.org/public-sector/about-ipsasb/ipsasb-membersに基づき作成。
※　基準設定主体メンバーでもある。

　上記メンバーの他に、IASB、欧州委員会（EC）、国際通貨基金（IMF）、最高会計検査機関国際組織（INTOSAI）、経済協力開発機構（OECD）、国際連合（UN）、世界銀行等からオブザーバーとして参加している。オブザー

バーは投票権を持たないが、会議での発言が認められている。
今後
　IPSASBメンバー構成については、IFAC加盟団体指名のメンバーがほとんどを占めており、公会計基準を実際に適用している省庁等の意見が適切に反映されていないのではないか、という批判があった。これに対応するため、IFACはIPSASBの運営規約を改訂し、メンバーの指名をIFAC加盟団体に限らず、Forum of Firms、その他公的機関、国際機関や公衆（general public）による指名も可能とした。また、パブリックメンバーについても、最低3人とすることとした。

　なお、IPSASBは今回の運営体制変更に際し、同時に議長の常勤化も要請している。

(2) タスクフォースの構成

　タスクフォースはメンバーのみで構成されることもあれば、論点によっては、外部有識者を招へいすることもある。現在、①IPSASと統計報告指針の連携、②現金主義IPSASレビュー、③財務諸表の討議と分析、④発生主義IPSASの初度適用、⑤概念フレームワーク、⑥公共財政長期持続可能性報告、⑦サービス業績情報の報告及び⑧IPSAS第6号～第8号（連結関連）の改訂の8つのプロジェクトについてタスクフォースが組成されている。論点の少ないプロジェクトによってはタスクフォースが組成されず、スタッフが直接公開草案等を起草することもある。タスクフォースは平均して6～7人（最小3人、最大12人）から構成される。

(3) スタッフの人員構成

　IPSASBスタッフは5～6人おり、全員常勤である。

6．基準設定方法

　基準設定テーマはIPSASB会議が決定する。なお、現在2013年～14年の作

業計画（基準開発計画）についてコンサルテーション・ペーパー（論点整理：CP）を公表し、今後検討すべき論点についてパブリック・コメントを求めている。IPSASBのデュー・プロセスは以下のとおりである。

①コンサルテーション・ペーパーの公表、コメントの検討
②公開草案、コメントの検討（必須手続）
③IPSAS又は推奨実務ガイドライン（RPG: Recommended Practice Guideline）の公表

コンサルテーション・ペーパー、公開草案とも、通常意見募集期間は4か月以上とされる。また、概念フレームワークについては、その重要性から6か月以上の意見募集期間が設定されている。

IPSAS又はRPGを検討する際、IPSASBは各国基準設定主体とできる限り協力することが運営規約に規定されている。また、IPSASB CAGがIPSASBの議題、プロジェクト進捗、プロジェクト優先順位その他専門的・公益的な意見を提供することとなっている。

7．国際戦略

IPSASBの基準設定プロジェクトは、当初IASをベースにしたコア・スタンダードの設定に注力していた。現在もIFRSが改訂された場合、IPSAS改訂の必要性を検討している（2年に1回のペース）。IPSASBは、IASBと密接な関係にあり、IASBのほとんどの会議に出席したり、IASBからもIPSASBのほとんどの会議にオブザーバーとして出席したりしている。

IPSASBはその他国際機関とも協力して基準開発を進めてきた。現金主義IPSASの開発に際しては、世界銀行と協力してきた。政府財政統計とIPSASの連携プロジェクトには、IPSASオブザーバー（欧州連合統計局（Eurostat））がタスクフォースに加わっている。統合報告プロジェクトに対しても、公的部門の統合報告を検討するために、IPSASBのスタッフが統合報告担当者と打ち合わせている。

IPSASBの監視とガバナンス～その後の動き

Ⅸの3においてIPSASBの監視について触れた。その後の議論により、PIOBがIPSASBを監視する案は採択されず、公的部門に特化した新たな監視機関を設置することが合意された。

PIOBはIPSASBを監視しないことが決定されたことで、IPSASBの監視及びガバナンス体制を検討するIPSASBレビューグループが組成された。初回会合が2013年5月に開催されている。IPSASBレビューグループには、議長を担当する機関として、IMF、世界銀行、INTOSAI、IOSCOが、その他のメンバーとして、金融安定理事会（FSB）、IOSCO及びINTOSAIが含まれる。

IPSASBの監視については、2014年前半に最終提案がなされることが想定されている。

欧州公会計基準（EPSAS）の設定に向けた動き

2013年3月6日、欧州委員会による欧州理事会及び欧州議会への報告書「加盟国における統一公会計基準の適用に向けて―加盟国にとっての―IPSASの適合性」を公表した。報告書の基本的な立場は、EU加盟国に完全な発生主義を推奨し、それによって公的部門の財務報告の明瞭性、説明能力、比較可能性を高めることにある。報告書はIPSASを主要な参照元とする欧州公会計基準（EPSAS）の設定を推奨している。設定にあたっては、IPSASBとの連携に加え、欧州域内の統計基準であるESA基準との整合性にも配慮すべきとされている。

(1)IPSASを完全適用しない理由

報告書作成段階において、欧州委員会統計局（Eurostat）が意見公募を行った際、加盟国担当部局から寄せられたコメントでは主に以下の懸念が表明された。

・IPSASには選択適用が認められている会計基準もあるため、遵守すべき会計処理が厳密に決定できないおそれがある。
・政府会計において重要な税金及び社会保障などの基準整備が不完全である。特に、EU財政監視において中心概念を占める、一般政府の定義に基づく連結会計の問題については、IPSASで対応できるかが疑問である。
・2014年のIPSAS概念フレームワークが完成したのち、複数の基準が改訂される可能性があるため、適用するには不安定である。

・IPSASBに対するガバナンス上の懸念（EU公会計部局からの参加がない）。

(2) EU加盟国とIPSASの現状
　同報告書によれば、EU加盟国のうち15か国の公会計基準がIPSASと関連している。うち9か国はIPSASを基にした、又は、IPSASの趣旨を踏まえた（based on or in line with IPSAS）中央政府基準を設定している。5か国がIPSASの一部を参照した基準を設定し、1か国が地方政府基準の一部についてIPSASを使用している。

(3) 最近の状況と今後
　上記報告書では、EPSAS導入のため、以下の3段階に分けて活動していくことを提案している。

○EPSAS設定に向けた動き

段階	内容
第1段階（現在）	今回実施された加盟国への意見公募に加え、さらに多くの情報や考え方を収集し、ロードマップを策定する（2013年中）。
第2段階	設定に向けた実務上の対応（財政面、ガバナンス体制、相乗効果、中小の公的機関の取扱い等）を具体的に検討する。発生主義原則を要求する枠組み規制（framework regulation）の提案を行う。
第3段階	適用段階。加盟国の現行基準がEPSASと大幅に異なる場合には、漸進的に調整する方法を採る。ただし、中長期的には全加盟国に適用することを想定している。

　2013年5月末、ベルギーにおいて「EPSAS導入に向けて」と題した会議が欧州委員会統計局の主催で開かれた。会議には、欧州各国の公会計担当者（政府関係者、会計士、学者等）や、IFAC、IMF、IPSASBからの参加があった。公的部門における昨今の状況（政府債務危機、財務情報における透明性と信頼性確保）、財政上の透明性と公的説明責任の重要性や、欧州各国におけるIPSASの適合性と改革の経緯について発表がなされた。

第3部 提言とその具体策

I　各国・機関調査により得られた知見

　第2部での調査報告により、各国・機関における様々な取り組みが明らかになった。本章では、調査から得られた知見を要約し、若干の考察を加えたい。なお、214ページに各国・機関調査により得られた情報を要約した表を掲載した。

1．設立当時の社会環境

　各基準設定主体が設立された当時の社会環境について概観すると、ほとんどの調査対象国において、各国・地方等の経済停滞等に伴う財政危機を機に、公会計に係る改革がなされている。改革は、公会計のみに限らず、予算制度等の改革も伴う大規模な改革となっている。改革の契機となった関係者の動きは各国で様々であるが、行政府（イギリス、ニュージーランド、韓国）、立法府（フランス、カナダ、オーストラリア）又は職業会計士団体や会計検査院（アメリカ）が主導している。ある関係者から報告書が公表され、それを基に、関係機関において検討が進み、これに立法府・行政府が対応することにより、最終的に公会計基準や基準設定主体に関連する法制度の創設・改正に至っていることが多い。

2．公会計基準の体系と公会計基準設定主体の態様

　公会計基準の体系については、単一体系とするか、複数の体系とするかに分かれる。カナダ、オーストラリア、ニュージーランドは、国、地方（連邦、州・地方）に共通する公会計基準を設定している。イギリス、フランス、アメリカ及び韓国においては、中央（連邦）政府、地方（州・地方）政府それぞれに別個の公会計基準が設定されている。以上を概観しても分かるように、

国家政体（連邦制か否か）は、公会計基準の体系（単一体系か複数の体系か）とは、必ずしも関連しない。

公会計基準の体系に対応して、国・地方共通の会計基準を設定するカナダ、オーストラリア、ニュージーランドでは、単一の会計基準設定主体が基準を設定している。イギリスにおいては、国と地方自治体が別個に会計基準を設定しているものの、両者を共通的に諮問する機関を設置し、両基準の整合性を図っている点が特徴的である。この点はフランスについても当てはまる。アメリカでは、連邦政府と州・地方政府、それぞれについて会計基準設定主体が存在する。これは、連邦政府機関たるFASABが州政府を規制することは州の権限を連邦が侵害するからという理由からである。

3．公会計基準の正当性確保

公会計基準に関する正当性は、法的な裏付けを付与することによっても、また、設定過程において利害関係者による意見集約を適切に行うことよっても高めることができる。

正当性付与の方法として、アメリカ（FASAB）、カナダ、オーストラリア及びニュージーランドでは、政府の発出する財務報告指令等により、基準設定主体が作成した基準を承認している。

一方、制定法主義を採っているフランス、韓国では、各省庁が行政命令や省令を公表することにより会計基準として強制力を付与している。なお、行政命令や省令の制定に先立ち、諮問機関による意見公表や、パブリック・コメントの機会が保障されている。

また、中央政府と地方自治体で基準設定主体が異なるイギリスでは、共通的な諮問機関たるFRABに両基準設定主体から委員が参加することにより、正当性が確保されていた。

4．公会計基準設定主体の委員・事務局構成と運営資金

基準設定主体の委員構成に関して各国で共通するのは、どの機関において

も、公務員委員と民間専門家委員の双方が任命されている点である。この点は官民双方の知識・経験を結集するために不可欠であると思われる。委員に関しては、どの国においても非常勤委員が多くを占めるが、アメリカ（GASB）、カナダ、オーストラリアにおいては一部の委員が常勤である。委員の常勤化によって基準設定の機動性が確保されるだけでなく、独立性が強化されているといえる。また、委員の選任プロセスや基準設定過程（デュー・プロセス）についても、基準設定主体運営の前提として、法令に基づき整備されていた。これらを監視する機関も設置・運営されている。

事務局組織は、規模の大小はあるものの、ほとんどの基準設定主体が恒常的事務局を有していた。テクニカルスタッフは基本的に常勤であるが、組織によってはプロパー職員だけではなく、関係機関からの出向を活用している例や、任期付き雇用契約による採用を行っている例も見られた。

5．企業会計基準設定主体との関係

アメリカでは、州・地方政府の会計基準設定主体が企業会計基準設定主体と同じ運営母体の内部組織である。カナダにおいても、職業会計士団体内に設置された審議会として、企業会計基準設定主体と公会計基準設定主体が設置されている。両国では、基準設定組織は異なるものの、それを監視する組織を共通化することによって効率的な監視機能を実現している。

オーストラリアは単一の会計基準設定主体が企業会計・公会計に共通適用される単一の会計基準を設定している。ニュージーランドは従来、オーストラリアと同様の形態であったが、近年基準設定機能を改組し、単一の基準設定主体が民間・公的部門の2種類の会計基準を設定している。

イギリス、フランス及び韓国では、公会計基準設定主体・企業会計基準設定主体に組織的なつながりは見られなかった。ただし、イギリス及びフランスでは、委員として企業会計基準設定主体メンバーを招いていた。

Ⅰ　各国・機関調査により得られた知見

世界各国の"CPA"

　我が国において、公認会計士は"Certified Public Accountant"と訳され、その略称としてCPAが用いられている。アメリカでも同様の資格は、Certified Public Accountant（CPA）であり、その日本語訳は公認会計士である。しかしながら、各国の会計士制度を見ると、わが国の公認会計士に相当する資格の名称は異なっている。代表的には、イギリスや旧イギリス連邦諸国に見られるChartered Accountant（CA）である。少しややこしいのは、同じCPAの略称を使っていても、その正式名称が異なるケースがあることである。以下表においてそれを示す。

○各国のCPAの正式名称（英文）と和訳

英文名称	訳	会計士協会
Certified Public Accountant	公認会計士	日本公認会計士協会（JICPA）、アメリカ公認会計士協会（AICPA）、韓国公認会計士協会（KICPA）、マレーシア公認会計士協会（MICPA）、シンガポール公認会計士協会（ICPAS）、香港公認会計士協会（HKICPA）など
Chartered Professional Accountant	勅許職業会計士	CPA Canada
Certified Practising Accountant	公認会計士	CPA Australia

　アメリカの影響力が圧倒的に強い会計士の世界において、米国流のCPAのブランドを借用しつつ、各国の歴史的・文化的背景を踏まえた呼称を模索した結果ではないかと思われる。カナダのCPAは最近の会計士協会の統合の結果生まれた新しい呼称であるが、"Chartered Accountant"に愛着を持つ人々に納得感を持たせつつ、隣の経済大国である米国のCPAブランドを拝借して統合後の新名称を決めたカナダ人のしたたかさには感心するほかない。

図表51　各国・地域公会計基準設定主体の状況

国・地域 機関名称	イギリス（国） FRAB	イギリス（地方） CIPFA/LASAAC	フランス CNOCP
設立時期	1996年	1985年	2009年
基準設定主体当時の社会環境	財政赤字の拡大	地方分権化推進による地方自治体の説明責任向上のため	国：財政赤字拡大 地方：地方債市場自由化に伴う公会計の不備発覚
委員の指名	指名委員会	関係機関（運営規約）	関係機関が任命
委員の任命	関係機関	関係機関	関係機関（法定）
常勤委員の有無	全員非常勤	全員非常勤	全員非常勤
委員人数	21名	17名	19名
うち公務員委員	15名	12名	12名
うち民間専門家委員	6名	5名	7名
テクニカルスタッフ（事務局長含む）の人数	いない （財務省職員が担当）	5名	11名
法令による基準の指定			
包括指定（GAAP準拠の要請等）	GAAP準拠を要請 （資源会計法）	GAAP準拠を要請 （各地方自治法）*1	発生主義のみ要請 （LOLF）
個別基準への強制力付与	特になし	特になし	各種アレテにより個別指定
法的位置付け（設定主体）	諮問機関 （資源会計法）	特になし	諮問機関（2009年12月30日補正予算法）
利害関係者の参画			
議題の選定プロセス	特になし（新基準や規制に随時対応）	特になし（新基準や規制に随時対応）	戦略諮問委員会による監視
公開草案	8週間以上	8週間以上	特になし
反対意見の考慮	メンバーの反対があれば再検討する	規定なし	委員個人の反対意見を省庁に伝達できる
活動監視	FRABレビュー・グループによるレビュー	特になし	戦略諮問委員会の監視
財政基盤	財務省予算	会費収入	公会計省予算
年間予算（収入）概数	僅少 （メンバー交通費のみ）	僅少 （メンバー交通費のみ）	1.5百万ユーロ （178百万円）

※　会計基準設定に携わる恒常的組織が存在しないドイツ、韓国は除いている。
　　ただし、韓国（国）については、調査研究機関たるNASCが実質的な事務局機能を発揮しているといえる。
*1　イングランド・ウェールズ、スコットランド、北アイルランドそれぞれの地方自治法
*2　地方債市場の開示制度がGAAPに準拠した財務報告を要請。公債を発行する場合はGASB基準に従った開示を行っている。
*3　FASAB、GASBとも、AICPAによるGAAP設定団体として認定されている。

Ⅰ　各国・機関調査により得られた知見

アメリカ（連邦）	アメリカ（州・地方）	カナダ	オーストラリア	ニュージーランド
FASAB	GASB	PSAB	AASB	NZASB
1990年	1984年	1981年	前身のPSASB:1983年	2011年
財政危機	財政危機	財政赤字の拡大	財政赤字の拡大	財政危機
指名委員会（非連邦政府メンバーのみ）	FAF	AcSOC指名委員会	FRCの指名委員会（議長以外）	指名委員会
支援機関	FAF	AcSOC	議長は大蔵大臣、他の委員はFRC	XRB
全員非常勤	議長のみ常勤	非投票メンバーのみ常勤	議長のみ常勤	全員非常勤
9名	7名	12名	13名+NZASB議長	9名+AASB議長
4名	3名	9名	4名+NZASB議長	3名+AASB議長
5名	4名	3名（うち2名CICA職員）	9名	6名
8名	19名	6名	19名（企業会計基準担当者を含む。）	7名（企業会計基準担当者を含む。）
会計財務報告原則等準拠を要請（CFO法）	各州法により包括指定*2	連邦・各州の財務管理法等によりPSAB基準を包括指定	連邦・各州の財務大臣指令等によりAASB基準を包括指定	GAAP準拠を要請（公共財政法、地方自治法）
連邦行政命令（OMB）により個別指定	特になし	特になし	特になし	議会による承認
連邦諮問委員会*3（連邦財務管理改善法）	特になし*3	特になし	連邦政府機関（証券投資法）	独立クラウン・エンティティ（クラウン・エンティティ法）
ボードが決定	議長が決定	AcSOCによる了解が必要	優先順位・戦略についてFRCによる諮問	XRBボードが決定
30日間以上（通常60日間）	30日間以上（通常60日）	60日間（短縮可）	30日間以上	1か月以上（通常3か月間）
反対者氏名とともに、基準に記載する	反対メンバー氏名とともに、結論の背景に記載	反対意見の内容のみ結論の背景に記載	結論の背景に記載	規定なし
支援機関による共同監視	FAFによる監視	AcSOCによる監視	FRCによる監視	XRBボードによる監視
支援機関がほぼ等分の資金拠出	金融市場自主規制機関が拠出	会費収入	連邦予算が過半	商務省予算
1.9百万USD（172百万円）	8.2百万USD（754百万円）	1.8百万CAD（161百万円）	4.7百万AUD（448百万円）	4.4百万NZD（332百万円）

II 提言とその具体策

　第1部のIIで要約した提言について、第2部で検討した各国事例を踏まえ、詳細に検討する。

　検討の前提として、公会計基準の体系について述べ（1）、細分化された公会計基準を共通化するための組織として、単一の公会計基準設定主体が必要であることを説明する（2）。

　続いて、設定主体が備えるべき要件を説明する（3）。提示した要件は、設定主体が政府機関であっても民間機関であっても何らかの方法で達成されるべきものである。各要件は、一方が強化されると一方が害される可能性がある（いわゆるトレードオフの関係）ため、その関係についても説明する。

　最後に、我が国において単一の公会計基準設定主体を設置するとした場合に、想定される組織設計について論じる（4）。

1．公会計基準の体系について

　本研究報告では、会計基準設定の在り方を主たる検討対象としており、作成される会計基準の中身については検討対象としていない。しかし、どのような公会計基準の体系を想定するかにより、会計基準設定の在り方が影響を受ける面もあるため、ここで①民間と公会計を包含した単一の会計基準体系とすべきか、②民間と公会計で別個の会計基準体系とした場合、公会計内で単一の公会計基準体系とするか、複数の公会計基準体系とするかについて、どのような想定をおいた上で議論を進めるかを整理する。

　民間と公会計を単一の会計基準体系としている実例は、現在はオーストラリアにしか見られないが、最近までニュージーランドも採用していた形態である。これらは「セクター（トランザクション）・ニュートラル」アプロー

チと呼ばれる、同一の取引をどのセクターが行っても同一の会計処理になるべきとの考え方が背景にある。この考え方を我が国に適用することの当否を詳細に検討することは、本研究報告の目的ではない。しかし、このような民間・公会計を包含する単一会計基準体系を設定するためには、単一の会計基準設定主体が、民間会計・公会計の双方に精通した人材を多数持つことが必要になる。我が国においては、このような人材を得ることは容易ではないため、このような方式はそもそも実効性が低いと考えられる。したがって、民間・公会計を包含する単一会計基準体系の設定だけでなく、ニュージーランドの新たな基準設定アプローチである単一基準設定主体による民間、公会計のセクター別の基準開発の手法も実効性が低いものとして検討対象外とする。公会計基準と民間会計基準の関係をどのようにするかは、非常に重要な問題であるが、それは本研究報告の検討対象ではなく、設立された公会計基準設定主体が検討すべき問題である。

　また、本調査の問題意識は、現在我が国で行われているような組織形態別の会計基準設定は、高品質の会計基準を機動的に設定する上で適切ではないという点を出発点としている。調査の結果でも、このような組織形態別の基準設定を行っている国はなく、このような公会計基準体系は本研究報告の想定外である。しかし、調査対象国でも、中央（連邦）政府と地方政府で異なる会計基準を設定している例が見られるなど、公会計基準が単一体系であるべきか否かは議論の余地がある。本研究報告では、整合性ある公会計基準を設定する必要を強く意識するものの、それを単一の公会計基準体系を持つことによって実現させるかについては、特定の立場を採っていない。中央政府と地方政府では、抱えている会計上の課題について若干の相違があり、中央政府固有のあるいは地方政府固有の会計基準上の課題も存在することは確かである。単一の会計基準体系を持ちつつ、実務指針等の下部規定により、組織形態別の会計課題に対処する方法を採るのか、最初から複数の公会計基準体系を構築するのかは、民間会計基準との関係と同様、設立された公会計基準設定主体が決定すべき事項である。ただし、我が国の現状のようにあまり

に細分化した公会計基準体系の存在は、そもそも会計基準間で整合性を保つことを困難にすると考えられるため、そのような在り方は、本研究報告が想定する方法ではない。

2．単一の公会計基準設定主体を提案する理由

　本研究報告では、公会計基準設定を担う、単一の基準設定主体の設置を提案している。これは、以下のメリットがあるためである。

①単一の会計基準設定主体に、公的部門に関与する全ての関係者（政府機関関係者を含む財務諸表作成者、財務諸表利用者及び検査・監査関係者）が結集し、資源を集中させることにより、高品質な会計基準を設定することが可能となる。

②単一の会計基準設定主体の監視・監督に中央政府、地方政府の関係者が共に関与することにより、関係者間のバランスが働き、特定の関係者の過度な影響力を排除しやすい。

③仮に複数の公会計基準体系を構築する場合であっても、両体系間の整合性を保ちやすい。

④同一の会計事象に対するあるべき会計処理が組織形態の相違により異なる事態はほとんど想定されない。また、例えば、中央政府からの地方自治体の補助金等の資金移転の会計処理など、中央政府側と地方自治体側の会計処理を一体として検討した方が良いケースが存在する。

⑤我が国の公会計基準設定に必要な資源が集中されるため、民間企業会計基準設定主体との関係の構築、国際的な公会計基準設定に関与していくことが、複数の基準設定主体を持つ場合より容易である。

　調査結果によれば、イギリス、フランス、アメリカ及び韓国の4か国では、中央（連邦）政府と地方政府の会計基準設定主体が異なる。ただし、イギリスの場合はそもそもIFRSを公的部門に採用するとの原則の下に、中央政府（財務省）及び地方自治体（CIPFA）とも公会計基準の設定を行っており、同

一基準体系内におけるガイドラインを開発しているに過ぎないと解した方が実態に合っている。フランスの場合は会計基準が法令で規定されるため、法令を所管する各省庁に設定主体が分かれる結果となっているが、諮問機関としてのCNOCPが実質的に会計基準の素案作成機能を担っていることを無視できない。したがって、アメリカと韓国が中央政府と地方政府の会計基準設定機能が分割されている典型的な事例と見ることができる。ただし、両国の調査結果においても、公会計基準設定の発展の歴史の中で、中央政府と地方政府の基準設定を別個の基準設定主体で行わなければならないとする説得力のある根拠は見出せなかった。両国とも固有の政治的、社会的背景の中で様々な理由でやむなく別個の基準設定主体を持つに至ったと解した方が良いと思われる。

特に我が国においては、公会計に関する理論的バックボーンと実務経験を兼ね備えた人材は数少ない。複数の公会計基準設定主体を設立して貴重な人的資源を分散させるよりは、単一の公会計基準設定主体に集中させることが適当と考える。

3．公会計基準設定主体が備えるべき要件

前節における公会計基準設定主体が備えるべき要件として、(1)独立性、(2)専門性、(3)正当性（法的裏付け）、(4)デュー・プロセス、(5)透明性とガバナンス及び(6)財政基盤が必要であることを説明する。また、(7)で、上記6つの要件にはトレードオフ関係が存在することを説明する。

(1) 独立性

会計基準の設定主体は、特定の利害関係者集団に支配されていてはならず、またそのような外観を持ってはならない。特に会計基準は財務諸表作成者を規制するルールであることから、財務諸表作成者から実質的にも外見的にも独立性を保つことは重要である。公会計基準においては、政府そのものが財務諸表作成者であることから、政府からも一定の独立性を保つ必要がある。

基準設定主体の独立性は、基準設定権限を持つ委員会の各委員の独立性に依存する面があるが、委員が非常勤である場合、各委員は自らの雇用者から完全に独立することは困難であり、その場合、委員の出身母体のバランスを保つことによって、委員会そのものが特定の利害関係者集団に過度の影響を受けていないとの実質的・外観的独立性を確保することになろう。バランスの取れた委員構成は、後述する専門性を確保する上でも重要な要件である。

　委員個人の独立性担保のために、選任された委員は出身母体の利益代表ではなく、公益のために行動するとの明確な原則を持つ必要がある。また、委員選考手続について明確な基準を定める必要がある。

　具体的には、以下の方策が考えられる。

①基準検討組織とは別個の独立した指名委員会を設置して委員を選考・指名する方法

　委員の選考・指名を行う組織を別途設置することで、選任手続の公平性・透明性が確保される。実際に導入している国は、イギリス（FRAB）、アメリカ（GASB）、カナダ（PSAB）、オーストラリア（AASB）及びニュージーランド（NZASB）である。いずれも、指名委員会又は監督機構が委員を指名又は任命している。

②法令等で委員構成を指定し、政府委員については関係機関に指名権を付与する方法

　法令等で委員構成を決定することで利害関係者の幅広い参画と、委員構成のバランス維持を図る。参考としたのは、フランス（CNOCP）である。関係機関に委員指名権が付与され、議長と民間専門家はアレテにより任命されている。

　上記①、②を組み合わせる方法もある。すなわち、民間専門家委員については指名委員会により指名し、公務員委員については、関係省庁に指名権を持たせる方法もあり得る。なお、政府関係機関が指名権を持つ委員が多くなると、独立した立場からの議論がなされなくなるおそれがある。この点、アメリカ（FASAB）は、民間委員（指名委員会が指名）が過半数を占めるよ

うに委員構成が決定されている。

(2) 専門性

委員の専門性と事務局の専門性の確保という2つの観点から提言する。

委員の専門性を確保するためには、委員の一部（特に議長）を常勤とし、また、全委員が一斉に交代することがないように、任期をずらして選任することが適切である。さらに、委員会活動について、その従事時間の目安を示すべきである。

委員会を支援するために、恒常的な事務局機能を設置して、相当数の常勤テクニカルスタッフを採用することが必要である。出向者が多数を占めると、専門性の継続的向上が困難となるおそれがあるため、常勤のテクニカルスタッフが継続的に関与することが望ましい。

同事務局は、利害関係者への研修等を通じて、啓蒙的役割も果たすことが可能である。社会環境等の変化に対応し、基準改訂を機動的に行うためにも、組織基盤としての事務局が不可欠である。

有能なスタッフを採用するためには、相応の処遇が不可欠である。基準設定主体を政府機関とした場合は、我が国の公務員制度の制約から、当該処遇は困難となる可能性があり、結果として専門性が不十分となる可能性がある。この点、公務員制度の制約を踏まえ、オーストラリア（AASB）は政府機関であるが、議長のみ公務員とし、その他のテクニカルスタッフはAASBが公務員とは異なる独自の処遇を行っている。また、アメリカ（FASAB）やニュージーランド（XRB）はいずれも政府機関であるが、公務員と民間の雇用形態・給与水準等に差異がないため、広く専門家を採用することが可能となっている。

(3) 正当性（法的裏付け）

法的裏付けを適切に行うことにより、設定される基準の正当性が付与される。基準設定主体が公表した基準に対し、政府が強制力を付与することが適

切である。また、利害関係者が参画できるよう、適切な手続を踏むことによっても、正当性が確保される。

　上記正当性の付与は、アメリカ（FASAB）、フランス（CNOCP）、カナダ、オーストラリア、ニュージーランド及び韓国において実施されている[1]。なお、我が国の企業会計基準設定主体（ASBJ）でもこの方法が採られている。

　基準設定主体とその運営に関しても、独立機関たることや委員の身分保障等、一定の法的裏付けがなされるべきである。法的裏付けは、基準設定主体が適切な基準設定過程を踏むよう律する手段ともなり得る。

(4)　デュー・プロセス（利害関係者の参画）

　基準設定活動には、基準に利害関係のある団体・業界が広く、また、バランスよく集まり、議論されるべきである。ただし、委員個人が利害関係者から過度の影響を受けることは、委員自身の独立性・専門性を害する可能性があるため、一定の措置が必要である。

　具体的には、法令等で適切な基準設定手続（デュー・プロセス）を確立することで、基準設定過程を客観的かつ検証可能なものとすることが考えられる。デュー・プロセスの構築に当たっては、①公開草案（意見募集）の機会を設ける、②議事・関連資料を公開する、③反対意見に配慮するという要件が満たされるべきである。

　公開草案の期間については、短期間になればなるほど、関係者の意見を聴取する機会が少なくなるため、原則として3か月とし、緊急を要する場合でも1か月は確保することが必要である。

　調査対象国の中では、ドイツを除く全ての国々で①が、ドイツ・カナダを除く国々で②が採用されていた。③反対意見への配慮については、国によっ

1）　具体的な権限付与の方法としては、アメリカ（FASAB）、カナダ、オーストラリア及びニュージーランドでは、財務報告指令等により基準設定主体が作成した基準を承認している。一方、制定法主義を採っているフランス、韓国では、行政命令として各省庁から公表される。

て差があった。

(5) 透明性とガバナンス

上記(1)独立性、(4)デュー・プロセスについて、特に透明性が担保されるべきである。すなわち、独立性については、委員が委員選任規則等に則って公正に選任されているか、また、資金拠出者からの独立性担保措置の状況について、適時適切に公開する必要がある。デュー・プロセスについては、基準設定に係る議事が公開されるべきである。

独立性及びデュー・プロセスが確保されているかについては、基準設定主体の運営母体が監視することが適切である。

何らかの監視の仕組みがあったのは、イギリス（FRAB、CIPFA）、アメリカ（GASB）、カナダ、オーストラリア及びニュージーランドであった。

(6) 財政基盤

基準設定主体がその専門性を向上させながら、関係者の適切な参画を図っていくためには相応の資金が必要である。

資金を確保する方法として、少額の資金を広く財務諸表利用者又は財務諸表作成者から募る方法と、運営資金を政府機関から一括して提供を受ける方法がある。財政基盤の安定性を確保するためには、政府機関から一括して資金提供を受ける方法が望ましい。ただし、政府機関等からの独立性をいかに確保するかが問題となる。

この点について、関係省庁の共同設置組織とすることにより、独立性が担保される。すなわち、財務省、総務省、地方自治体及び外部専門家等が共同で基準設定に関与できる組織を設置し、資金拠出も等分に行うことで、相互牽制が働き、特定の利害関係団体からの過度の影響を排除することができる。例えば、アメリカ（FASAB）においては、会計検査院（GAO）、行政管理予算局（OMB）及び財務省（DOT）がほぼ等分の運営資金を負担している。

(7) トレードオフ関係（参考）

　関係者からの独立性を重視しすぎると、基準設定において関係者の提起する実務上の課題を踏まえた基準設定が困難となる可能性がある。すなわち、(1)独立性と(2)専門性の間には、トレードオフ関係がある。

　幅広い関係者からの参画を目指して委員人数を増やしすぎると、かえって専門性を維持できなくなる[2]。また、意思決定に時間がかかり、基準設定が遅延するおそれもある。したがって、(2)専門性と(4)利害関係者の参画も、トレードオフの関係にある。ここでいう「利害関係者」は、あくまで関係機関の知識や経験を基準設定に活かすことを趣旨として参画すべきであり、いわゆる「利害代表」ではない。その人数は少数にとどめるべきである。利害を有する関係者全てが委員として審議に関与することは適切ではない。基準草稿を単に「承認する」機関ではなく、実質的な基準設定機能を担うのであれば、委員会構成メンバーは10人程度までに絞るべきである。委員会委員として参加ができなかった関係者の意見については、公開草案により意見表明の機会を確保することが適切である。

4．公会計基準設定主体の組織設計について

(1) 我が国の現状の公会計基準設定主体の概念図

　Ⅰの2や3において概観した我が国の現状の公会計基準等の設定組織を図解すると図表52のとおりである。この概念図に記載した基準設定が、国・地方自治体、国関連機関、地方自治体関連機関それぞれについてなされている。

---

[2] 委員の人数が多すぎると、一定時間内で各自が意見を述べ、討議する時間が限られてしまうため、かえって議論が深まらない可能性がある。
　単純比較はできないが、会計以外の分野における委員会についての議論を参照すると、例えば、IMFが調査した中央銀行法に関する調査では、各国の中央銀行の政策決定会合の人数は7人から9人の間が最も多いとのことである（Lybek, Tonny, and JoaAnne Morris（2004））。

Ⅱ　提言とその具体策

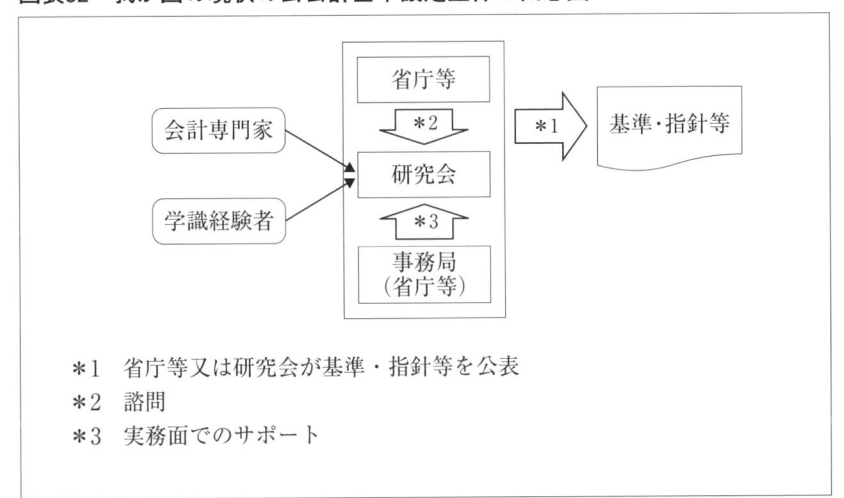

図表52　我が国の現状の公会計基準設定主体の概念図

```
                    ┌─────────┐
                    │  省庁等  │
                    └─────────┘
                       ↕ *2
  ┌──────────┐      ┌─────────┐    *1    ┌──────────┐
  │ 会計専門家 │─→    │  研究会  │  ──→   │ 基準・指針等 │
  └──────────┘      └─────────┘          └──────────┘
  ┌──────────┐         ↕ *3
  │ 学識経験者 │─→   ┌─────────┐
  └──────────┘      │  事務局  │
                    │ (省庁等) │
                    └─────────┘
```

　＊1　省庁等又は研究会が基準・指針等を公表
　＊2　諮問
　＊3　実務面でのサポート

　諮問機関という性質上、研究会への参加者が主に学識経験者等一部の関係者に限られている現状を表している。また、省庁等又は研究会が会計基準・指針等を公表するのみで、法的な裏付けが不明確であることを示している。さらに、省庁等の諮問を受けて、省庁等の事務局により研究会がサポートされているため、基準設定主体の省庁等からの独立性が脅かされる可能性があることを示唆している。

(2)　あるべき公会計基準設定主体の概念図

　一方、公会計基準設定主体のあるべき組織は以下のとおりである。この基準設定組織（中央の囲み）は、国・地方自治体、国関連機関及び地方自治体関連機関に共通する会計基準の設定を行うことを想定している。
　運営母体をはじめとする基準設定機能を省庁等から組織的に分離し、基準・指針等は当該機関が公表したものについて省庁等が法的裏付けを付与することを示している。

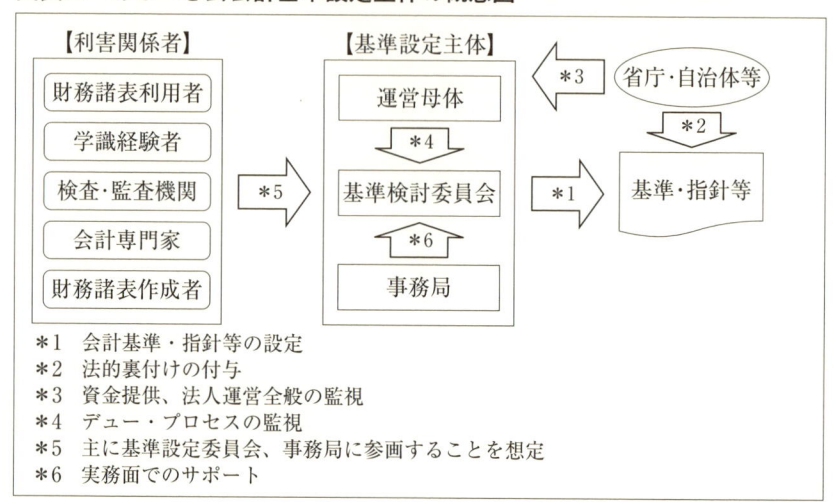

図表53　あるべき公会計基準設定主体の概念図

```
【利害関係者】           【基準設定主体】
┌─────────────┐         ┌─────────────┐    ＊3    ┌─────────────┐
│ 財務諸表利用者 │         │   運営母体   │ ←────── │ 省庁・自治体等 │
├─────────────┤         ├──────↑↓＊4─┤          └──────┬──────┘
│  学識経験者   │         │ 基準検討委員会│ ＊1              │＊2
├─────────────┤  ＊5    ├──────↑↓＊6─┤ ──────→  ┌─────────────┐
│ 検査・監査機関 │ ──────→ │    事務局    │          │  基準・指針等 │
├─────────────┤         └─────────────┘          └─────────────┘
│  会計専門家   │
├─────────────┤
│ 財務諸表作成者 │
└─────────────┘
```

＊1　会計基準・指針等の設定
＊2　法的裏付けの付与
＊3　資金提供、法人運営全般の監視
＊4　デュー・プロセスの監視
＊5　主に基準設定委員会、事務局に参画することを想定
＊6　実務面でのサポート

　基準設定や事務局に携わるメンバーも、学識経験者に限らず、財務諸表作成者（省庁等）や検査・監査機関、会計専門家及び財務諸表利用者等幅広く参加することを想定している。

　基準検討委員会の上部機構たる運営母体が、基準検討委員会の基準設定過程を監視することにより、関係者の参画や委員の独立性が担保されているか、確かめることができる。省庁が基準設定に関与する方法は、諮問機関に対する諮問ではなく、財務諸表作成者として直接基準設定委員会に参加することとなる。また、基準設定主体自ら事務局を持つことで、基準設定に係る知見の蓄積が進む。

　この方法により、基準設定主体が関係者から独立した会計基準を設定することが可能となる。基準設定の独立性を確保するため、省庁等資金提供元からの監視は基準設定に係るものでなく、法人運営全般の監視にとどめるべきである。

Ⅲ 我が国における公会計基準設定スキームの改革に向けて

　本研究報告では、公会計基準設定の現状に対する問題意識の下、各国調査で得られた知見に基づく検討を行った結果、単一の公会計基準設定主体の設置が必要であるとの提言に至った。さらに、当該設定主体に必要と考えられる要件を提示した。

　公会計基準や、その設定方法は、政争の具とされることはもとより、単なる法規制と捉えられることもふさわしくない。公的部門における各種改革（資産・債務改革、行政評価改革及び検査・監査制度改革等）を統合的に実施するためのインフラとして、公会計情報をいかに適切に作成・公表し、行政運営に活かしていくか、という視点が重要である。そのために、官民問わず知識・経験を結集できる組織的基盤を構築すべきである。今回の提言を踏まえた公会計基準設定に係る改革が、一刻も早くなされることをここに要望する。

　また、これまで、公会計基準設定の在り方については、我が国において十分な理論的・実証的研究がなされてこなかった。本研究報告では、現地調査に加え、文献調査において、海外で実施された研究や、他の分野における研究、既存の行政組織の仕組み等を幅広く参照して検討を加えた。今後、本研究報告が関係各位における議論、研究のきっかけとなれば幸いである。

【参考】我が国企業会計基準設定主体（企業会計基準委員会）

　参考として、我が国の企業会計基準の設定主体である企業会計基準委員会の状況について記載する。

1．基準設定主体の基礎情報

(1) 基準設定主体設立の経緯

　企業会計基準委員会（以下「ASBJ」という。）は2001年7月に設立された。

　ASBJの設立以前、我が国における企業会計基準は、大蔵省（2000年7月からは金融庁）の企業会計審議会で作成され、また、大蔵省が定めた企業会計基準に関する実務指針については、当協会が作成していた。

　こうした状況に対して、経済取引・企業活動の高度化・複雑化・国際化等の急速な変化に的確に対応しつつ、着実な基準整備を行っていくため、官民の適切な役割分担の下で人材・資源を結集し、民間分野における実務的な専門知識や資源を常時・最大限結集できる枠組みの構築が必要と考えられるようになった。

　1999年12月、自由民主党・金融問題調査会・企業会計に関する小委員会より、「企業会計基準設定主体の拡充、強化に向けて（案）」が公表され、会計基準設定主体の民間化が提言された。続いて2000年3月、当協会より公表した「我が国の会計基準設定主体のあり方について（骨子）」では、企業財務制度研究会（COFRI）を有効利用した会計基準設定主体の設定等が提言された。また、2000年6月には、大蔵省内に設置された「企業会計基準設定主体のあり方に関する懇談会」より、論点整理が公表された。こうした提言等を踏まえ、2001年2月に設立準備委員会が発足し、2001年7月に、財団法人（現公益財団法人）財務会計基準機構（以下「FASF」という。）が設立されるとともに、同機構内にASBJが設置された。

　2013年4月1日現在のFASFの組織の概要は図表54のとおりである。

図表54　FASFの組織構成図　　【2013年4月1日現在】

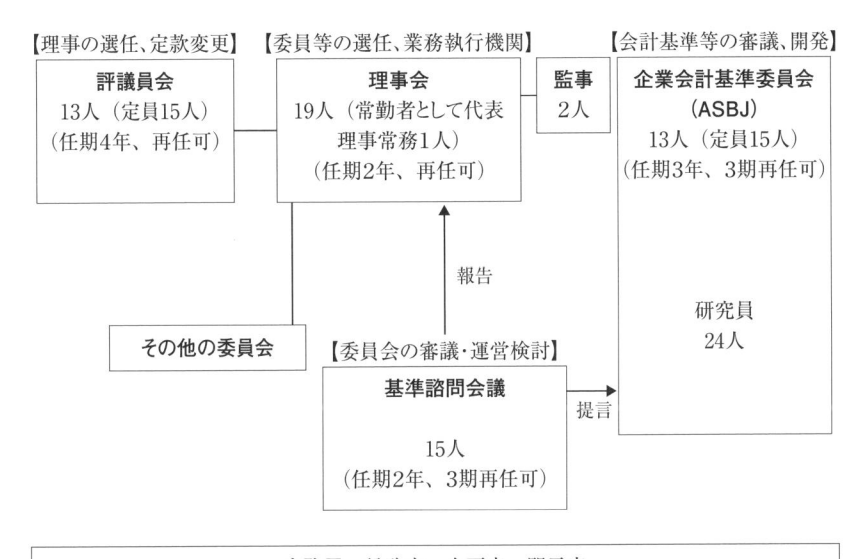

【理事の選任、定款変更】
評議員会
13人（定員15人）
（任期4年、再任可）

【委員等の選任、業務執行機関】
理事会
19人（常勤者として代表理事常務1人）
（任期2年、再任可）

監事
2人

【会計基準等の審議、開発】
企業会計基準委員会（ASBJ）
13人（定員15人）
（任期3年、3期再任可）

研究員
24人

その他の委員会

【委員会の審議・運営検討】
基準諮問会議
15人
（任期2年、3期再任可）

報告 → 理事会
提言 → ASBJ

事務局　総務室・企画室・開示室
17人

　評議員会は、理事及び監事の選任及び解任並びに定款の変更等を行う。
　理事会は、ASBJの委員及び委員長の選任、法人の業務執行の決定、理事の職務の執行の監督及び代表理事・業務執行理事の選定を行う[1]。また、その他の委員会として、業務推進委員会、委員推薦評価委員会及び適正手続監督委員会を設けている。監事は、理事の職務執行を監査し、法令で定めるところにより、監査報告書の作成等を行う。
　基準諮問会議は、ASBJの審議テーマ、優先順位等、ASBJの審議・運営に関する事項について審議を行う。

---

[1] 従来、ASBJの基準開発に関するデュー・プロセスは、ASBJが定める「企業会計基準委員会等運営規則」によっていたが、2013年6月に見直しが行われ、ガバナンスの強化を図るために、新たに理事会が定める「企業会計基準開発等に係る適正手続に関する規則」によることに変更されている。

(2) 会計基準の設定の方法
審議テーマの決定方法
　FASF内に設置された基準諮問会議は、新規のテーマ及びテーマに関する優先順位等について、ASBJに提言を行う。ASBJは、当該提言を踏まえ、新規のテーマの決定を行う。ASBJ独自での新規のテーマの決定も可能である。
会計基準等の公表までの流れ
　ASBJでは、決定されたテーマの審議を行うにあたり、必要に応じて、専門委員会を設置する。審議の結果、原則として、論点整理及び公開草案を公表するが、論点整理及び公開草案の公表から最終基準化に至るプロセスは、以下のとおりである。
　ASBJの公表物は、会計基準、適用指針及び実務対応報告からなる（以下「会計基準等」という）。

論点整理/公開草案：
　会計基準等を新設、改正するに当たっては、原則として、論点整理、公開草案を公表し、意見を募る。ただし、委員長が重要性が乏しいと認めた場合には、委員会の決議を経て、論点整理、公開草案の公表を行わないことができる。論点整理、公開草案の公表に関する議決要件は、委員数の5分の3以上の多数によることとされている。また、論点整理、公開草案の意見募集期間は、原則として、1か月以上とされ、寄せられたコメント及びコメントに対するASBJの対応は、ホームページ上で公開される。

最終基準化：
　公開草案に対するコメントの対応の審議終了後、再び公開草案を公表する必要性の有無について審議する。最終基準化に関する議決の要件は、委員数の5分の3以上の多数によることとされている。

(3) ASBJにより開発された会計基準に関する法的規範性の付与

　金融庁は、「財務諸表等の用語、様式及び作成方法に関する規則」（昭和38年大蔵省令第59号）の中で会計基準設定主体の適格要件に関する規定を設けており（連結財務諸表についても「連結財務諸表等の用語、様式及び作成方法に関する規則」（昭和51年大蔵省令第28号）において同様の規定がある。）、ASBJが該当することが告示されている。また、ASBJが開発した個々の会計基準は、金融庁の告示により、個々に、金融商品取引法における「一般に公正妥当と認められる会計基準」に該当することとなる。

　ASBJの開発するもののうち適用指針及び実務対応報告は、上記の金融庁の告示の対象とはされないが、2002年にASBJの設立9団体から、ASBJから公表される企業会計基準等が、市場関係者にとって企業会計上の規範となる声明「（財）財務会計基準機構・企業会計基準委員会から公表される企業会計基準等の取扱い（準拠性）について」が出されており、実質的な規範性が付与されている。

2．資金調達

　ASBJは、運営母体であるFASFからの資金により運営されている。FASFの主な収入は会費収入であり、2012年3月期の受取会費は約14億2千万円である。会員は上場会社を中心とし監査法人・証券取引所・調査研究機関等を含む法人会員と、個人会員からなる会員制度を設けており、広く資金の提供を求めている。

3．人員構成

(1) 企業会計基準委員会の構成

　委員及び委員長は、理事会で選任し、理事長がこれを委嘱する（FASF定款第57条第1項）。2013年4月1日現在、13人の委員で構成されている。定款には委員構成に関する規定はないが、市場参加者の声が十分に反映されるように作成者、利用者、監査人及び学識経験者からバランスをとって構成さ

れている。

　13人の委員のうち、常勤委員は３人であり、他の委員は非常勤である。定款において、委員のうち８人以内を常勤とする旨が規定されている（FASF定款第51条第２項）。常勤委員は他の職務の兼業は認められていない。

　委員の任期は３年とするが、３期を限度として連続して再任することを妨げないとされる。なお、理事会において出席理事の３分の２以上の賛成をもって、３期の任期満了後、さらに１期を２年とし、２期を限度として再任することを妨げない旨の定めも設けられている。

(2)　スタッフの構成

　委員会のスタッフは、監査法人等からの出向者及びプロパー職員から構成されており、原則として、常勤である。2013年４月１日現在、24人の研究員が在籍している（24人のうちプロパー職員が４人であり、また、出向者のうち約３分の２が監査法人からの出向である。）。

　また、FASFの事務局として17人のスタッフ（総務室・企画室・開示室）が在籍している。

略語一覧

日本

略語	英文正式名称	和訳
ASBJ	Accounting Standards Board of Japan	企業会計基準委員会
FASF	Financial Accounting Standards Foundation	財務会計基準機構

イギリス

略語	英文正式名称	和訳
FRC	Financial Reporting Council	財務報告評議会
FRAB	Financial Reporting Advisory Board	財務報告諮問審議会（国・地方基準の諮問機関）
CIPFA	Chartered Institute of Public Finance and Accountancy	勅許公共財務会計協会
ASB	Accounting Standards Board	会計基準審議会（前 企業会計基準設定主体）
NHS	National Health Service	国民医療保険機構
LASAAC	Local Authority Scotland Accounts Advisory Committee	スコットランド地方自治体会計諮問委員会
CIPFA/LASAAC	CIPFA and LASAAC Local Authority Accounting Code Board	CIPFA/LASAAC地方自治体会計規範審議会（地方自治体会計基準設定主体）
SORP	Statement of Recommended Practice	推奨実務書
FReM	Government Financial Reporting Manual	政府財務報告マニュアル

フランス

略語	仏文正式名称	和訳
CNOCP	Conseil de normalisation des comptes publics	公会計基準審議会（中央政府・地方公会計の諮問機関）
LOLF	Loi organique n° 2001-692 du 1er août 2001 aux lois de finances	2001年予算組織法

CNCP	Comité des norms de la comptabilité publique	公会計基準委員会（CNOCPの前身）
CNC	Conseil National de la comptabilité	国家会計審議会（ANCの前身、CRCと統合）
CRC	Comite de la reglementation comptable	国家会計規制委員会（ANCの前身、CNCと統合）
ANC	l'Autorité des normes comptables	会計基準庁（企業会計基準の設定主体）

アメリカ

略語	英文正式名称	和訳
AICPA	American Institute of Certified Public Accountants	アメリカ公認会計士協会
FASAB	Federal Accounting Standards Advisory Board	連邦会計基準諮問審議会（連邦会計基準の諮問）
GASB	Governmental Accounting Standards Board	政府会計基準審議会（州・地方政府会計基準設定主体）
GAO	Government Accountability Office	連邦会計検査院
OMB	Office of Management and Budget	行政管理予算局
DOT	Department of the Treasury	財務省
AAPC	Accounting and Auditing Policy Committee	会計監査政策委員会（FASABの助言機関。指針を設定）
GASAC	Governmental Accounting Standards Advisory Council	政府会計基準諮問評議会（GASBの諮問機関）
GAGAS	Generally Accepted Government Auditing Standards	一般に公正妥当と認められた政府監査の基準
FASB	Financial Accounting Standards Board	財務会計基準審議会（企業会計基準設定主体）
FAF	Financial Accounting Foundation	財務会計財団（FASB、GASBの運営母体）
NCGA	National Committee on Governmental Accounting	全米政府会計委員会
新NCGA	National Council on Governmental Accounting	全米政府会計評議会（NCGAを改組）

FINRA	Financial Industry Regulatory Authority	金融取引業規制機構
SEC	Securities and Exchange Commission	証券取引委員会
AGA	Association of Government Accountants	政府会計士協会

カナダ

略語	英文正式名称	和訳
CICA	Canadian Institute of Chartered Accountants	カナダ勅許会計士協会
CPA Canada	Chartered Professional Accountants of Canada	カナダ勅許職業会計士協会
CMA Canada	Certified Management Accountants of Canada	カナダ公認管理会計士協会
CGA Canada	Certified General Accountants Association of Canada	カナダ公認一般会計士協会
PSAAC	Public Sector Accounting and Auditing Committee	公会計監査委員会（PSABの前身：1981年～1998年）
PSAB	Public Sector Accounting Board	公会計審議会（公会計基準設定主体：1998年～）
PSAハンドブック	Public Sector Accounting Handbook	公会計ハンドブック
TBS	Treasury Board Secretariat	財務審議会事務局
TB	Treasury Board	財務審議会
TBAS	Treasury Board Accounting Standard	財務審議会会計基準
AcSOC	Accounting Standards Oversight Council	会計基準監視評議会（会計基準設定主体を監視）
AcSB	Accounting Standards Board	会計基準審議会（企業会計基準設定主体）

オーストラリア

略語	英文正式名称	和訳
AASB	Australian Accounting Standards Board	オーストラリア会計基準審議会（会計基準設定主体：1991年～）
PSASB	Public Sector Accounting Standards Board	公会計基準審議会（1983年～2000年、AASBに吸収される）
FRC	Financial Reporting Council	財務報告評議会（AASBの監視機関：2000年～）
AARF	Australian Accounting Research Foundation	オーストラリア会計調査財団（1980年代基準設定主体運営母体：1966年～）
AcSB	Accounting Standards Board	会計基準審議会（企業会計基準設定主体：1983年～1988年、ASRBに吸収される）
ASRB	Accounting Standards Review Board	会計基準諮問審議会（会計基準の承認機関・設定主体：1984年～1991年、AASBに改組）
JCPAA	Joint Committee of Public Accounts and Audit	公会計監査合同委員会（前身の公会計合同委員会（JCPA）が1951年連邦議会に設置された）
NCA	National Commission of Audit	国家監査委員会
TTAASAG	Trans Tasman Accounting and Auditing Standards Advisory Group	豪NZ間会計基準及び保証基準諮問グループ
CPA Australia	Certified Practising Accountants Australia	オーストラリア会計士協会
ICAA	Institute of Chartered Accountants in Australia	オーストラリア勅許会計士協会
ICPA	Institute of Public Accountants	オーストラリア公共会計士協会

ニュージーランド

略語	英文正式名称	和訳
NZASB	New Zealand Accounting Standards Board	ニュージーランド会計基準審議会（会計基準設定主体：2011年～）
XRB	External Reporting Board	外部報告審議会（NZASBの運営母体・監視機関）
NZICA	New Zealand Institute of Chartered Accountants	ニュージーランド勅許会計士協会
ARSB	Accounting Research and Standards Board	会計調査及び基準審議会（会計基準設定主体：～1993年）
FRSB	Financial Reporting Standards Board	財務報告基準審議会（会計基準設定主体：1993年～2011年）
ASRB	Accounting Standards Review Board	会計基準諮問審議会（FRSB設定会計基準の承認機関：1993年～2011年）
PBE	Public Benefit Entity	公益主体
NZAuASB	New Zealand Auditing and Assurance Standards Board	ニュージーランド監査基準審議会

韓国

略語	英文正式名称	和訳
NASDC	National Accounting System Deliberation Committee	国家会計制度審議委員会（企画財政部諮問機関：2009年～）
GASC	Governmental Accounting Standards Committee	政府会計基準委員会（企画財政部諮問機関：2000年～2009年、NASDCに改組）
GAAC	Governmental Accounting Advisory Committee	政府会計諮問委員会（企画財政部諮問機関：1998年～2000年、GASCに改組）
NASC	National Accounting Standards Center	国家会計基準センター（中央政府会計基準の調査・研究機関：2010年～）
NASAC	National Accounting Standards Advisory Committee	国家会計基準諮問委員会（NASCの諮問機関：2010年～）

| FAASC | Financial Accounting Advancement Sub-Committee | 財務会計推進小委員会（安全行政部の諮問機関：2009年～）前身：地方会計基準審議委員会（2003年～2009年） |

国際基準、国際基準設定主体等

略語	英文正式名称	和訳
IFAC	International Federation of Accountants	国際会計士連盟
IPSASB	International Public Sector Accounting Standards Board	国際公会計基準審議会
IASB	International Accounting Standards Board	国際会計基準審議会
IFRS	International Financial Reporting Standards	国際財務報告基準
IAS	International Accounting Standards	国際会計基準
IFRIC	International Financial Reporting Interpretations Committee	国際財務報告解釈指針委員会

参考文献等

《全般》
- 財政制度等審議会（2003）「公会計に関する海外調査報告書（アメリカ、イギリス、フランス、ドイツ、オーストラリア、ニュージーランド）」（財政制度分科会 公会計小委員会配布資料）
- 建設省建設政策研究センター（現 国土交通省国土交通政策研究所）（1998）「社会資本と企業会計的手法に関する研究」
- 田中秀明（2011）『財政規律と予算制度改革』日本評論社
- 山下茂（2010）『体系比較地方自治』明治大学社会科学研究所叢書、ぎょうせい
- Organisation for Economic Co-operation and Development (OECD) (2002), Models of Public Budgeting and Accounting Reform, OECD Journal on Budgeting Volume 2, Supplement 1
- 芦部信喜（2011）『憲法 第五版』岩波書店
- 森洵太（2012）「会計基準設定と公正感」『経営研究』第63巻 第1号

《我が国公会計制度について》
- 経済戦略会議（1999）「日本経済再生への戦略」（経済戦略会議答申）
- 財務省（2012a）「平成22年度「国の財務書類」ガイドブック」
- 財務省（2012b）「平成22年度 国の財務書類」
- 総務省（2006）「新地方公会計制度研究会報告書」
- 総務省（2007）「新地方公会計制度実務研究会報告書」
- 総務省（2013）「報道資料 地方公共団体の平成23年決算に係る財務書類の作成状況等」
- 地域政策研究会（2005）『公有地拡大推進法詳解』ぎょうせい
- 筆谷勇、米田正巳（2002）『早分かり 自治体の公会計・監査の実務入門』ぎょうせい

《イギリス》
- 石原俊彦（2009）『CIPFA—英国勅許公共財務会計協会』関西学院大学研究叢書、関西学院大学出版会
- 齊野純子（2006）『イギリス会計基準設定の研究』同文舘出版
- Chartered Institute of Public Finance Accountancy (CIPFA) (2012), Annual

report & accounts 2011
- Efficiency Unit (1988), Improving Management in government: The Next Steps
- HM Treasury (2012a), Public Expenditure Statistical Analyses 2012
- HM Treasury (2012b), Whole of Government Accounts: year ended 31 March 2011
- HM Treasury et al. (2012), Memorandum of Understanding between the Relevant Authorities
- Financial Reporting Advisory Board (FRAB) (2012a), 15th Report of the Financial Reporting Advisory Board
- FRAB (2012b), Adaptations of EU-adopted IFRS for the UK public sector context
- Financial Reporting Council (FRC) (2012a), Future Structure and Regulatory Procedures
- Local Authority Scotland Accounting Committee (LASAAC) (2010), Constitution and Rules
- Pozzoli, Stefano (2009), Local Authorities' Accounting and Financial Report
- Cabinet Office (2011), The Cabinet Manual: A guide to laws, conventions, and rules on the operation of government (国立国会図書館調査及び立法考査局 (2013)「英国の内閣執務提要」))
- BIS & FRC (2011), Proposals to reform the Financial Reporting Council
- FRC (2012), Future structure and regulatory procedures
- FRABウェブサイト：http://www.hm-treasury.gov.uk/psr_frab_index.htm（最終閲覧日：2013年5月7日）
- CIPFA/LASAACウェブサイト：http://www.cipfa.org/Policy-and-Guidance/Technical-Panels-and-Boards/CIPFA-LASAAC-Local-Authority-Code-Board（最終閲覧日：2013年5月7日）
- FRCウェブサイト：http://www.frc.org.uk/Home.aspx（最終閲覧日：2013年5月7日）
- （参考）イギリス法ウェブサイト：http://www.legislation.gov.uk/browse（最終閲覧日：2013年5月7日）

《フランス》
- 加藤達彦（2002）「フランスにおける国の会計制度と監査制度の改革」『明大商学論叢』第84巻第4号
- 新日本監査法人（2008）「フランスの公会計・予算改革と会計検査院の役割に関する調査研究」平成19年度会計検査院委託業務報告書
- 中西一（2009）『フランス予算・公会計改革―公共政策としての公共経営―』創成社
- Conseil de normalisation des comptes publics（CNOCP）(2012), Rapport d'Activité 2011
- CNOCP (2013), Programme 2013 du Conseil de normalization des comptes publics Travaux en cours et à engager
- Cour des comptes (2011), Certification des comptes de l'Etat (exercise 2010)
- Direction Générale des Collectivites Locales（DGCL）(2013), Les Collectivités locales en chiffres 2013
- Prada, Micheal (2008), Rapport sur la création d'un Conseil de la normalisation des comptes publics
- CNOCPウェブサイト：http://www.economie.gouv.fr/cnocp（最終閲覧日：2013年5月7日）
- ANCウェブサイト：http://www.anc.gouv.fr（最終閲覧日：2013年5月7日）
（参考）フランス法ウェブサイト：http://www.legifrance.gouv.fr/（最終閲覧日：2013年5月7日）

《アメリカ》
- 財団法人自治体国際化協会（1993）「米国地方政府の破産」
- 関口智、木村佳弘、伊集守直（2010）「地方公会計制度と予算・決算―アメリカとスウェーデンの比較―」『立教経済学研究』第64巻 第2号
- 古市峰子（2001）「米国の公会計制度の仕組みとわが国へのインプリケーションについて」『日本銀行金融研究所ディスカッション・ペーパー』
- 若林茂信（1987）『新アメリカ・イギリス公会計―制度と実務―』高文堂出版社
- Accounting and Auditing Policy Committee（AAPC）(2006), Charter of the Accounting and Auditing Policy Committee (as amended may 15, 2006)
- Chan, L. James (1985), The Birth of the Governmental Accounting Standards Board: How? Why? What Next?, Research in Governmental and Non-Profit

Accounting, vol. 1
- Federal Accounting Standards Advisory Board (FASAB) (2010), Rules of Procedure updated October 2010
- FASAB (2012), Annual Report Fiscal Year Ended September 30, 2012
- Financial Accounting Foundation (FAF) (2011), Financial Accounting Foundation Summarized Budget Information for the year ended December, 2012
- FAF (2012), Annual Report 2011/12
- Governmental Accounting Standards Board (GASB) (2008), Research Brief: State and Local Government Use of Generally Accepted Accounting Principles for General Purpose External Financial Reporting
- GASB (2010), Rules of Procedure Amended and Restated through July 31, 2010
- GAO, OMB and DOT (2009), Memorandum of Understanding (MOU among GAO, OMB and DOT)
- FASABウェブサイト：http://www.fasab.gov/（最終閲覧日：2013年5月7日）
- GASBウェブサイト：http://www.gasb.org/（最終閲覧日：2013年5月7日）
  （参考）アメリカ連邦法ウェブサイト：http://uscode.house.gov/（最終閲覧日：2013年5月7日）

《カナダ》
- 池上岳彦（2010）「カナダにおける政府間財源移転の特徴と改革―連邦・州間の財政調整的移転を中心に―」『会計検査研究』No.42
- 財団法人自治体国際化協会（2008）「カナダについて（歴史、社会、政府の基本概要2008年）」
- 財務総合政策研究所（2002）「地方財政システムの国際比較」
- Accounting Standards Board (AcSB) (2011), Accounting Standards for Not-for-Profit Organizations
- Accounting Standards Oversight Board (AcSOC) (2012), Annual Report 2011-2012
- Government of Canada (2011), 2010-2011 Annual Report to Parliament; Report of the President of the Treasury Board of Canada
- Public Sector Committee (International Federation of Accountants (IFAC))

- (1996), Perspectives on Accrual Accounting
- Public Sector Accounting Board (PSAB) (2012), Annual Report 2011-2012
- Buhr, Nola (2010), From Cash to Accrual and Domestic to International: Government Accounting Standard Setting in the Last 30 Years, Plenary Speech at Sixth Accounting History International Conference
- CICA, CMA Canada and CGA Canada (2012), A Framework for Uniting the Canadian Accounting Profession
- AcSOC、PSABウェブサイト：http://www.frascanada.ca/index.aspx（最終閲覧日：2013年5月7日）
  （参考）カナダ連邦法ウェブサイト：http://laws-lois.justice.gc.ca/eng/（最終閲覧日：2013年5月7日）

《オーストラリア》
- 財団法人自治体国際化協会（2008）「オーストラリアの概況及び地方行政事情」
- Australian Accounting Standards Board (AASB) (2006), Protocol for co-operation with NZ Financial Reporting Standards Board (FRSB)
- AASB (2011a), AASB letter 11-10-11 to FRC Public Sector Financial Reporting Task Force
- AASB (2011b), AASB Policies and Processes
- AASB (2012a), Interpretations and Improvements Model
- AASB (2012b), Annual Report 2011-12
- AASB and FRSB (2009), Process for Modifying IFRSs for PBE/NFP
- Australian Bureau of Statistics (2012), 5512.0 Government Finance Statistics 2010-11
- Australian FRC (2002 and 2003), Broad Strategic Direction to AASB
- Australian FRC (2006), The use of a sector neutral framework for the making of Australian accounting standards (Invitation to comment)
- Australian FRC (2012), Annual Report 2010-12
- Commonwealth of Australia (1997), Corporate Law Economic Reform Program Proposals for Reform: Paper No.1
- Department of Finance and Deregulation of the Australian Government (2011), Finance Minister's Orders for Financial Reporting (Incorporating Policy and Guidance)

- Joint Committee of Public Accounts (JCPA) (1995), Review of Auditor-General's Reports 1993-94 Accrual Reporting
- Australian FRCウェブサイト：http://www.frc.gov.au/ （最終閲覧日：2013年5月7日）
- AASBウェブサイト：http://www.aasb.gov.au/Home.aspx （最終閲覧日：2013年5月7日）

  （参考）オーストラリア連邦法ウェブサイト：http://www.comlaw.gov.au/ （最終閲覧日：2013年5月7日）

《ニュージーランド》
- 和田明子（2007）『ニュージーランドの公的部門改革―New Public Managementの検証』第一法規
- ASRB (2011), Annual Report for the year ended 30 June 2011
- ASRB (2010), Statement of Intent for the Period 1 July 2010 to 30 June 2013
- Bernadette Devonport and Tony van Zijl (2010), Standard setting for financial reporting in the New Zealand public sector
- Public Sector Committee (International Federation of Accountants) (1994), Implementing Accrual Accounting in Government: The New Zealand Experience
- Treasury (2012), Financial Statements of the Government of New Zealand for the Year Ended 30 June 2012
- External Reporting Board (XRB) (2011a), Proposals for the New Zealand Accounting Standards Framework
- XRB (2011b), Explanatory Guide A1: Overview of Accounting Standards (EG A1)
- XRB (2011c), Explanatory Guide A2: Overview of Accounting Standards (EG A2)
- XRB (2011d), Statement of Intent for the Period 1 July 2011 to 30 June 2014
- XRB (2011e), Briefing for the Incoming Minister of Commerce
- XRB (2012), Proposals for the New Zealand Accounting Standards Framework
- New Zealand Accounting Standards Board (NZASB) (2011), Terms of Reference for the New Zealand Accounting Standards Board

- New Zealand Institute of Chartered Accountants (NZICA) (2010), Submission to the Commerce Select Committee on the Auditor Regulation and External Reporting Bill
- Office of the Auditor-General (2009), The Auditor-General's views on setting financial reporting standards for the public sector
- XRB、NZASBウェブサイト：http://www.xrb.govt.nz/ （最終閲覧日：2013年5月7日）

 （参考）ニュージーランド法ウェブサイト：
 http://www.legislation.govt.nz/default.aspx （最終閲覧日：2013年5月7日）

《韓国》
- 沈載榮（2010）「韓国の政府会計制度の生成と発展」韓国政府会計学会2010年夏季日韓共同セミナー発表論文
- 清水涼子（2012年）「韓国に学ぶ公会計・公監査の近代化」関西大学法学研究所『研究叢書』第46冊
- 企画財政部（2011), Conference on Improving Public Sector Financial Management（CAPA会議報告資料）
- 企画財政部（2011), Implementing New National Accounting System
- OECD（2009), Developments in Korea
- NASC（2011), A Case Study of Korea
- NASCウェブサイト：http://www.nasc.or.kr/ （最終閲覧日：2013年5月7日）

 （参考）韓国法ウェブサイト：http://www.law.go.kr/ （最終閲覧日：2013年5月7日）

《ドイツ》
- 亀井孝文（2004）『公会計改革論―ドイツ公会計研究と資金理論的公会計の構築―』南山大学学術叢書、白桃書房
- 財団法人自治体国際化協会（2011）「ドイツの地方自治」
- 三菱UFJリサーチ&コンサルティング株式会社（2011）「ドイツ及びフランスにおける財務書類の検査及びその結果の報告の状況に関する調査研究」平成22年度会計検査院委託業務報告書
- Statistisches Bundesamt（2012), Statistisches Jahrbuch

 （参考）ドイツ連邦法ウェブサイト：http://www.gesetze-im-internet.de/ （最終

閲覧日：2013年5月7日）

《国際公会計基準審議会（IPSASB）》
- 川村義則、青木孝浩（2010）「国際公会計基準と米国の公会計基準の現状に関する調査」平成21年度会計検査院海外行政実態調査報告書
- IFAC（2011）, Annual Report
- IFAC（2012）, IPSASB Terms of Reference

《提言の検討に関する参考文献》
- 白川方明（2008）『現代の金融政策　理論と実際』日本経済新聞出版社
- 藤木裕（2005）「金融政策における委員会制とインセンティブ問題」『金融研究』第24巻第3号、日本銀行金融研究所
- American Institute of Certified Public Accountants（AICPA）（1972）, Report of the Study on Establishment of Accounting Principles（アメリカ公認会計士協会著、鳥羽至英、橋本尚訳（1997）『会計原則と監査基準の設定主体』白桃書房）
- Lybek, Tonny, and JoaAnne Morris（2004）, Central Bank Governance: A Survey of Boards and Management, IMF Working Paper, WP/04/226

《関連分野（企業会計基準設定に関するもの）》
- 新井清光（1993）『会計基準の設定主体―各国・国際機関の現状』中央経済社
- 真鍋明裕（2004）「会計基準設定の米独比較―基準設定主体の位置づけをめぐる検討―」『経済論叢』第174巻第1号、京都大学経済学会
- James C. Gah（1988）"Methodological Foundations of Standard Setting for Corporate Financial Reporting（Studies in Accounting Research）"（深津比佐夫監訳（1990）『財務報告基準設定論』中央経済社）

著作権法により無断複写複製は禁止されています。

公会計基準設定 ～海外事例研究と分析～

平成25年9月20日　初版発行

編　集　日本公認会計士協会 ©

発行者　森　公高

発行所　**日本公認会計士協会出版局**
　　　　〒102-8264　東京都千代田区九段南4-4-1　公認会計士会館
　　　　電話　03(3515)1124
　　　　FAX　03(3515)1154
　　　　URL：http://www.jicpa.or.jp/

Printed in Japan 2013　　　　　　　　　　　　　　製版：(有)一　企　画
　　　　　　　　　　　　　　　　　　　　　印刷・製本：(株)あかね印刷工芸社

落丁、乱丁本はお取り替えします。
本書に関するお問い合わせは、読者窓口：book@sec.jicpa.or.jpまでお願い致します。

ISBN 978-4-904901-39-7 C2034